Wolfgang Groiss

Salonlöwen, Pfingstochsen & mehr

Schmunzelverse

Mit einem Vorwort von Prof. Dr. Dagmar Schratter
Direktorin der Schönbrunner Tiergarten Ges.m.b.H.

Illustrationen: Martin Spiegelhofer

VERLAG
BERGER

Bibliografische Information der Deutschen Nationalbibliothek:
Die Deutsche Nationalbibliothek verzeichnet diese Publikation in der Deutschen Nationalbibliografie. Detaillierte bibliografische Daten sind im Internet über http://www.d-nb.de abrufbar.

© 2017, Verlag Berger, Horn/Wien
Titelseite: „Sphinx", Glasmosaik von Prof. Dr. Josef Nejez, 66 x 66 cm (nach einem Motiv aus Mesopotamien, ca. 2000 v. Chr.)
Lektorat: Prof. Dr. Josef Nejez, Wien
Herstellung: Druckerei Ferdinand Berger Gesellschaft m.b.H., 3580 Horn, Wienerstraße 80.

ISBN 978-3-85028-784-5

Vorwort

Wer gerne Süßes isst, ist eine Naschkatze. Wer vorlaut ist, wird Frechdachs genannt. Wer sich schnell fürchtet, wird als Angsthase bezeichnet. Es gibt unzählige Namen und Redensarten, die einen tierischen Ursprung haben. Von Kindesbeinen an sind wir mit ihnen vertraut. Sie sind witzig, kreativ und fest in unserem täglichen Sprachgebrauch verankert, auch wenn sie zoologisch nicht immer ganz korrekt sind.

So bezieht sich beispielsweise die „Katzenwäsche" auf jemanden, der sich nur sehr oberflächlich reinigt, während sich Katzen tatsächlich mehrere Stunden am Tag ihrer Körperpflege widmen. Vermutlich rührt die Redensart daher, dass die meisten Katzen wasserscheu sind. Und vermutlich macht gerade dies die Wortkreationen so attraktiv: Sie sind nicht immer ganz ernst, sondern mit einem Augenzwinkern zu verstehen. Genauso wie die brillanten Reime von Wolfang Groiss.

Gemäß der Binsenweisheit „Die Katze lässt das Mausen nicht" hat Wolfgang Groiss ein weiteres heiteres Werk mit Tierbezügen verfasst. Er stellt in seinen Reimen viele Gemeinsamkeiten zwischen Tier und Mensch fest. Wenn Sie ein Bücherwurm sind und diese Schmunzelverse mit Adleraugen lesen, sich ein Eselsohr ins Buch machen, um sich eine Seite zu markieren, dann wird Ihnen dieses Buch besonders viel Spaß bereiten!

Prof. Dr. Dagmar Schratter
Direktorin des Tiergarten Schönbrunn

In Würdigung seines steten erfolgreichen Eintretens für Recht und Gerechtigkeit sowie seines literarischen Schaffens als Rechtswissenschaftler, Politologe und Essayist widme ich dieses Buch anlässlich seines 80. Geburtstages

Rector emeritus o. Univ.-Prof. Dr. Dr. h.c. Manfried Welan

und weiß das Werk beim Widmungsträger – nicht zuletzt auch ein Kenner humorvoller Austriazismen – in würdigen Händen.

Wien, im Juni 2017   Wolfgang Groiss

Vorwort des Autors

Dass Tiere dumm sind, kann wohl nur ein Dummkopf meinen!
Je besser wir die Tiere kennen, umso klüger werden sie uns scheinen.
Die Natur hat jedem Tier das Seine zugedacht.
Sie hat dafür gesorgt, dass jedes Tier das Beste daraus macht.
Das gilt für Menschen bekanntlich nur bedingt:
wir müssen uns gehörig plagen, dass unser Lebenswurf gelingt.
Der Faule wird es folglich nie und nimmer schaffen –
den übertreffen ziemlich sicher auch die Affen.
Vorsicht! Diese Aussage ist ein Absturz ins Klischee:
wir sind ja leider geprägt von der Überlegenheitsidee …
Vielleicht ist graduell manch Affe viel gescheiter
und steht viel höher auf der „intelligenzlichen Leiter".
Auch wenn so manches hier skurril und humoristisch klingt –
die Tiere sind es wert, dass der globale Artenschutz gelingt!

Inhaltsverzeichnis

Adlerauge

Die Indianerhäuptlinge wurden meist nach ihren Fähigkeiten benannt.
„Häuptling Adlerauge" war für seinen scharfen Raubvogelblick bekannt.
Die längste Zeit ging alles ganz reibungslos:
der Weitblick von Häuptling Adlerauge war sehr groß.
Doch eines Tages sah der Häuptling nur mehr verschwommen,
aus welcher Richtung die Feinde kommen.
In dieser prekären Lage musste Häuptling Adlerauge resignieren
oder seinen Stamm an der Nase herumführen.
Wenn er gescheit war, ging er in Pension –
ein Häuptling mehr in der Rente: wer merkt das schon?

Affenschaukel

Affenschaukel heißt die Locke über dem Ohr,
sofern der Mann nicht schon sein Haupthaar zur Gänze verlor.
Nach friseurlosen Wochen hat die Locke die richtige Länge
zum Schaukeln der Affen, gewissermaßen das Ohrgehänge.
Daher ist die Bezeichnung Affenschaukel durchaus treffend
und die schwungvolle Locke zielführend „äffend".

Angsthase 1 (menschlich)

Einer, der sich rein gar nichts traut,
dem vor allem Neuen graut,
der vor jedem Donner zittert,
überall Gefahren wittert,
mit vielen Riegeln sein Haus versperrt,
fünfmal schaut, ob erloschen ist der Herd,
wird treffend ein „Angsthase" genannt.
Jedem von uns ist solch einer bekannt. –
Vielleicht steckt in jedem ein Angsthase drin –
schwer zu enträtseln ist des Volkstums Sinn.
Wir wollen daher eher als Angsthase leben,
als großspurig unsere Abschiedsvorstellung zu geben.

Angsthase 2 (tierisch)

Der Hase ist bekanntlich ein furchtsames Tier –
wenn Gefahr droht, ergreift er das „Hasenpanier"
und sucht das Weite, so schnell er rennen kann,
schlägt blitzartig Haken dann und wann.
Kein Wunder, dass des Hasen übergroße Vorsicht
dem Image von Meister Lampe keine Lorbeerkränze flicht.
Die Flucht ist des Hasen Rettung aus der Not –
misslingt sie, ist er mit Gewissheit tot.
Besser die Flucht als ein gewaltsames Ende,
welches der Hase im Rachen des Fuchses fände.
Die Bezeichnung „Hasenfuß" ist fast ein jägerisches Delikt:
noch nie hat ein Jäger einen Hasen mit Füßen erblickt!
Waidmännisch nennt man Läufe die Füße beim Hasen –
da hör' ich schon zur fröhlichen Treibjagd blasen!

Backfisch

Ein Mädchen, gerade in seiner vollen Jugend erblüht,
verzaubert mit Natürlichkeit jedes Gemüt.
Dem Backfisch kann kein Mann widerstehen,
erst jetzt weiß er, was in der Welt ist wirklich schön …
Himmelhoch jauchzend, zu Tode betrübt –
im Backfischalter wird das Kokettieren geübt.
Backfische pflegen ein sprunghaftes Verhalten
und erscheinen oft in den seltsamsten Gestalten.
Die meisten Backfische werden einmal verzehrt
und finden die Knusperzeit überaus liebenswert.
Manche aber bleiben im Rausch der Jugend zurück
und versäumen ihr großes, blühendes Glück.
Das Backfischalter ist charmant und lieblich –
das allzu lange Verweilen in dieser Ära ist aber betrüblich.

Ballettratten

Ratten werden von uns üblicherweise konsequent gemieden:
diese Tiere stören unseren sakrosankten Seelenfrieden.
Sie werden vom Menschen gnadenlos bekämpft –
der Gedanke des Tierschutzes gilt hier nur sehr gedämpft.
Es gibt aber auch beliebte, ja vergötterte Ratten:
sie leben im gleißenden Licht, keineswegs nur im Schatten.
Grazile Mädchen mit schlanken Beinen,
die wie Elfen über die Bühne zu schweben scheinen.
Die Ballettratten sind es, an die ich hier denke.
Bevor ich aber meine Sinne auf Abwege lenke
und vollends ins ästhetische Schwärmen gerate,
verdränge ich die Gedanken an eine ballettöse Ratte
und tröste mich: auch Ballettratten werden einmal alt –
dementsprechend „verfestigt" sich ihre grazile Gestalt.

Bandwurm

Ein „Wurm am Band"? Das ist wohl das letzte Desiderat,
welches sich ein vernünftiger Mensch gewunschen hat.
Hat sich der Wurm erst heimtückisch eingenistet,
er sein subversives Leben im Untergrund fristet.
Bis man den Bandwurm wieder los wird, kann es dauern.
Der „Wurm am Band" lässt uns begründeter Maßen schauern.
Zum Bandwurmvertreiben eignet sich angeblich gut der Alkohol –
aber vielleicht fühlt sich der Wurm damit erst richtig wohl …?
Die Bandwurmplage ist ein überaus mühsames Kapitel:
da sieht man häufiger, als einem lieb ist, den Ärztekittel …

Bärenaufbinden

Bärenaufbinden findet häufiger statt als man denkt,
besonders wenn man dem Geschehen kaum Beachtung schenkt.
Man läuft dann mit dem Bären belastet herum –
irgendwie glauben die anderen, man sei etwas dumm.
Und die Lehre aus dieser einfach gestrickten Chose:
glaub' einem Großmaul nicht, das geht in die Hose!

Bärendienst

Ein Dienst, ob er ist leicht oder schwer –
wie kommt der ins Gemenge mit dem Wort „Bär"?
Vielleicht hat man sich diese Etikettierung getraut,
weil der Bär so drollig ist und freundlich schaut.
Jeder kennt das Wortspiel mit dem „Bärenaufbinden".
Dort ist wahrscheinlich der Grund dafür zu finden,
dass ein schlechter Dienst nur einem Bären gilt –
weswegen aber kein Bär den Dienstleister schilt.
Ob der gefoppte Bär einmal doch Rache erwägt,
wird vorläufig auf die lange Bank gelegt.
Man hofft, dass der Bär den Vorfall schnell vergisst,
weil er ja im Grunde genommen ein „Teddy-Wesen" ist.

Bärenhunger

Erwacht ein Bär aus langem Winterschlaf,
wüscht er sich zur Bekämpfung des Hungers ein Schaf.
Der Bärenhunger ist sprichwörtlich groß –
aber wie befriedigt der Bär seinen Hunger bloß?
Ein Schaf wird er sich vielleicht nicht erringen.
Er tut sich aber gütlich an anderen Dingen,
wie frische Knospen und ein süßes Honigtöpfchen.
Das gaukelt ihm der Hunger vor in seinem Bärenköpfchen.
Der Bärenhunger ist keineswegs nur auf Bären beschränkt –
die Breitenwirkung des Bärenhungers ist größer als man denkt!

Beamtenforelle

Beamte sind in der Regel nicht allzu reich,
drum fischen sie sich keine Forellen aus dem Teich.
Sie müssen sich mit einer Knackwurst bescheiden
und echte Forellen budgetär tunlichst vermeiden.
Um zu wahren beim Speisen das vornehme Flair,
bestellt der Beamte eine „Beamtenforelle, bitte sehr!"
Wenn der Wirt fragt: „Gebraten oder blau?",
so kennt dieser den Terminus Beamtenforelle genau.
Statt Oberskren gibt es dazu süßen oder scharfen Senf –
vergeblich ordert man solche Speisen im feinen Genf.
Schmeckt aber die Knackwurst tatsächlich nach Fisch,
so war die „Beamtenforelle" gewiss nicht mehr frisch …

Bienenstich

Ein schmerzender Bienenstich ist durchaus entbehrlich.
Mitunter ist ein solcher sogar sehr gefährlich,
wenn man gegen Bienengift allergisch ist.
Da ist große Eile geboten, sonst wird es trist.
Seltsamerweise schätzt man in Wien den Bienenstich –
Wien ist eben anders, ganz offensichtlich:
in Wien ist der Bienenstich eine beliebte süße Speise.
Deren Zubereitung erfolgt in eher geheimer Weise.
Die Wiener Mehlspeisküche ist nämlich darauf bedacht,
dass kein „Wienfremder" süße „Plagiate" macht.
Gegen einen Wiener Bienenstich ist somit nichts einzuwenden –
zu viele Bienenstiche aber legen sich leider um die Lenden …

Blechschlange

Mit der biederen Gartenschlange entfernt verwandt,
den Autofahrern nur allzu gut bekannt,
ist die oft kilometerlange Schlange aus Blech.
Wer da hinein gerät, der hat eben Pech.
Geduld ist gefragt – jeder Stau löst sich einmal auf –
das ist der normale Blechschlangenentwirrungsverlauf …
Wie man das nervlich durchsteht, ist die ultimative Frage.
Manche begleitet die Blechschlange ja alle Tage.
Diese könnten sogar professionell als Stauberater fungieren,
sofern sie im Stau nicht den Verstand verlieren.
Das ärgste Blechschlangenübel ist jedoch die Rettungsgasse –
jeder Autofahrer denkt sich: oh wie ich die Blechschlange hasse!

Bücherwurm

Der Bücherwurm liebt das bedruckte Papier,
beißt sich durch Bücher ohne Ende schier.
Obwohl er ist bloß ein winzig kleiner Wurm,
will er nicht ewig bleiben ein „Surm".
Was niemand weiß: er liest die Bücher alle,
die da stehen in der bibliothekarischen Halle,
die er von A bis Z genüsslich durchlöchert
(aktuell befasst er sich mit dem Juwelier Köchert …).
Am Ende seiner bibliophilen Lebenszeit
ist der Bücherwurm dann wirklich gescheit.
Bücher vermitteln bekanntlich kompaktes Wissen –
zu diesem hat sich der Wurm dann durchgebissen.
Leider hat der Bücherwurm nicht allzu viel davon:
wer beachtet seine intensiven Studien schon?
Das durchbohrte Buch wird chemisch behandelt
und der weise gewordene Wurm zur Leiche verwandelt.
Ein Mensch, der den tierischen Bücherwurm kopiert,
wird scherzhaft auch als „Bücherwurm" apostrophiert.
Sein Ende wird hoffentlich nicht so tragisch sein –
mehr fällt mir zum Thema Bücherwurm nicht ein.

Bürohengst

Man kann im Leben alles übertreiben –
vernünftiger Weise sollte man realistisch bleiben.
Die Arbeit ist zweifellos ein hohes Gut,
aber auch der Gott der Bibel hat einen Tag geruht,
nach sechs Tagen Schwerarbeit, noch ohne Disput!
Wenn jemand rastlos schuftet wie ein Pferd,
ist das nur bedingt sehr lobenswert.
Er ruiniert sich auf Dauer Gesundheit und Kraft,
weil die Überarbeitung zahlreiche Probleme schafft.
Meist sind es Männer, die den Bürodienst übertreiben
und Tag und Nacht in der Arbeit bleiben.
Sie sind daher auf die Bezeichnung „Bürohengst" abonniert.
Wer weiß, was außer der Arbeit im Büro noch passiert …

Computermaus

Dass Tierische am Computer ist zweifellos die Maus –
soweit kennt sich ein unbedarfter User noch aus.
Doch den Computer können auch gefährliche Viren befallen.
Der Supergau ist der gefürchtetste Unfall von allen.
Mit einem Antivirenprogramm kann man den Computer quasi „impfen".
Da soll noch einer geringschätzend die Nase rümpfen,
der Computer sei nur ein Trottel aus Blech!
Wer dem Computer keine Seele zugesteht, hat eben Pech …
Ohne Antivirenprogramm wird der Computer die „Patschen" strecken –
der User wünscht dem Provider das ultimative Lecken.
Verdächtigt wird zu Unrecht die Computermaus.
Sie erscheint als hinterlistige, boshafte, nachtragende Laus.

Dampfross

Zur Dampflok sagte man früher „Dampfross", eher leger.

Heute verkehren fast keine Dampflokomotiven mehr.

Daher wird das Wort „Dampfross" kaum mehr verwendet:

es liegt an der Museumsbahn, dass das Dampfross nicht endet.

Die Faszination der Dampflok ist noch immer aktuell –

die Pflege der Dampfrösser gleicht einem Hofzeremoniell:

die aufwendige Wartung wird mit liebevoller Akribie gemacht.

Hat es ein Dampfross sogar bis ins Museum gebracht,

muss man dieses Wunderwerk für die Nachwelt erhalten,

damit diese erkenne: sie waren doch nicht so doof, die Alten!

Drahtesel

Ein flotter Esel aus Eisen und Draht
ist ein beliebter Fortbewegungsapparat.
Gemeint ist das gute, unverwüstliche Rad,
das fast jeder im Keller stehen hat.
Der Drahtesel wird bewegt durch Muskelkraft.
Aber auch die Elektrizität hat es geschafft,
als Quelle des Antriebs zu fungieren.
Hin und wieder muss man den Drahtesel schmieren,
man sollte auch nicht mit defekten Bremsen fahren.
Abwärts kann man prima Kräfte sparen.
Eine Plagerei ist allerdings das Radfahren bergauf –
schon mancher tat dabei seinen letzten „Schnauf".
Der Drahtesel ist also beileibe nicht ungefährlich –
Autofahren ist bequemer – seien wir ehrlich!

Eintagsfliege

Die Eintagsfliege ist wirklich zu bedauern:
schon nach einem Tag verschwindet sie hinter Grabesmauern …
Dennoch lässt das eintägige Wesen sich's nicht verdrießen,
seine beschränkte Lebenszeit voll zu genießen.
Dann stirbt sie an Altersschwäche oder als Beute –
für die Eintagsfliege ist jeder Tag das „letzte Heute".
Unser Erfolg ist bisweilen auch nur eine Eintagsfliege –
wer das nicht so sieht, ist auch nicht gescheiter als eine Ziege!

Eisfloh

Ohne die quirlige Spezies „Eisfloh"
wäre ein Eislaufplatz nur halb so froh!
Da flitzen die Kleinen über das Eis
und wollen sich perfektionieren um jeden Preis.
Die Eisflöhe beleben die Szene ungemein –
so ein unbeschwerter Eisfloh möchte wohl jeder gern sein!
Die Eisflöhe werden aber leider größer –
umso unerschwinglicher werden die Luftschlösser,
die sich die einstigen Eisflöhe bauen.
Wer kann diesen Größenwahn noch durchschauen?

Elchtest

Keiner weiß, weshalb ein Test für Autos Elchtest heißt,
was wiederum die alte Binsenweisheit beweist,
dass die Benennung einer Tatsache entscheidend ist,
ob man sich etwas merken kann oder es vergisst.
Höchstwahrscheinlich geschah der Autotest im hohen Norden,
ein Elch sah zu, gerade knutschend Didi Hallervorden.
Im hohen Norden sind Elche häufig wie bei uns die Kühe.
Der Werbetexter hatte daher keine allzu große Mühe,
den Test nach dem neugierigen Elch zu benennen –
auf den nächsten Test hoffen bereits die Nordlandhennen …

Elefantenhaut

Wer eine dicke Haut hat wie ein Elefant,
nimmt die Wechselfälle des Lebens ganz entspannt.
Er schont dadurch zweifelsohne seine Nerven
und lässt sich nicht aus seinen Bahnen werfen.
Wer eine Elefantenhaut besitzt, hat's also gut –
in idealer Weise gesellt sich dazu ein ruhiges Blut.
Dieses Duo ist nicht neu – es ist aus der Tierwelt geklaut …
Ein Hoch dem ruhigen Blut und auch der Elefantenhaut!

Elefantenrunde

Aus der hochstilisierten Elefantenrunde
schöpfen die Wähler mediale Kunde,
welcher hochlöbliche Spitzenkandidat
ihre kostbaren Stimmen sicher hat.
Sonst ist an der Elefantenrunde nichts „elefantös".
Zwar sind einander manche Kandidaten bös.
Aber das muss in der Demokratie wohl so sein –
andernfalls interessiert die Wahl ja kein Schwein …
Wie man sieht, erfordert die Demokratie viel Nervenkraft –
nur der „Wettbewerb der besten Ideen" den sozialen Frieden schafft,
nach dem alle, einschließlich der Kandidaten streben.
Daher gehört auch die Elefantenrunde zum demokratischen Leben.

Eselei

Die Betonung dieses Wortes liegt auf der Endsilbe „-ei".
Sanguinische Menschen sind bei jeder Eselei dabei.
Ihr Radius erstreckt sich praktisch auf alle Lebensbereiche –
vom Elefantenrüssel bis zur schaurigen Wasserleiche.
Was aus einer Eselei entstehen soll, ist nicht ganz klar –
die Teilnehmer an der Eselei fühlen sich jedenfalls wunderbar!
Daher ist an einer Eselei wohl etwas Besonderes dran –
vielleicht schreibt irgendein Esel darüber einen Roman …?
Für mich ist die Eselei eine interessante Reise –
das Ziel liegt verborgen in meiner „Meise".

Eselsbank

Jedem fleißigen Schüler wird mitunter bang
vor der hinterbänklerischen Eselsbank.
Diese ist für die schlechten Schüler reserviert,
was von den strengen Lehrern angeordnet wird.
Vielleicht ist diese „Verbannung" als Ansporn gedacht,
dass der „Eselsbänkler" bildungsmäßig Fortschritte macht.
Das Verweilen in der letzten, eben dieser Eselsbank
hat nicht nur Nachteile, Gott sei Dank:
von hinten überblickt man die Klasse perfekt,
beim „Schummeln" ist man hervorragend verdeckt.
Das wissen die schlechten Schüler natürlich gut
und irgendwann zieht auch der Lehrer den Hut
und befreit den Schüler von der Eselsbank –
dem „Strafversetzten" war übrigens überhaupt nicht bang …
Heutzutage ist das Kapitel Eselsbank nicht mehr real –
in der Schule gibt es keine Esel mehr, auf keinen Fall!

Eselsbrücke

Gegen die Entstehung einer peinlichen Gedächtnislücke
hilft die gute alte, tausendfach erprobte Eselsbrücke.
Vorzugsweise eignet sich hiefür ein einprägsamer Reim –
je prägnanter der Vers, umso haltbarer wird die Brücke sein.
Aber warum bemüht man den Esel für dieses Konstrukt?
Der Esel ist geduldig – er hat gegen seine Einstufung nicht aufgemuckt.
Der Esel fungiert hier als Symbol für die Einfachheit:
um sich das Gewünschte zu merken, ist auch der Esel genug gescheit.
Auch ein Eselsgehirn kann das ohne weiteres speichern –
das leuchtet auch ein selbst den dümmsten Österreichern!
Möglicherweise wird die so beschriebene Eselsbrücke zu einfach gesehen.
Was ist, wenn die Brücke einstürzt? Was soll dann geschehen?
Wer den endlich gefundenen Reim für die Eselsbrücke vergisst,
auf jeden Fall ein bedauernswerter „Esel" ist.
Der Reim ist dahin, das Gedächtnis liegt brach –
neben der Geisteslücke droht auch imagemäßig Ungemach:
wer lässt sich schon gern mit einem Esel vergleichen?
Das erschiene ja doch als bedenkliches „Alzheimerzeichen".

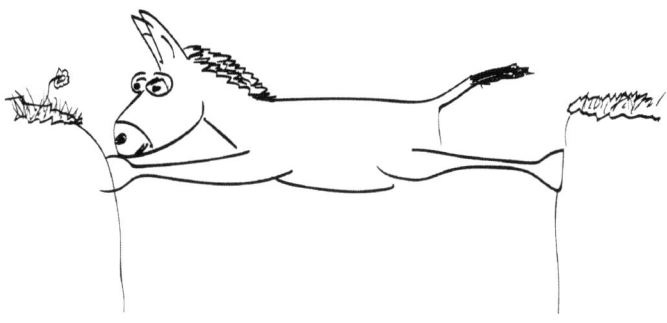

Eselsgeduld

Der Esel gilt seit jeher als sehr geduldig.
Keiner hielte einen süßen Esel für schuldig,
irgendeinen boshaften Schabernack auszuhecken.
Da würde der Esel entrüstet seine Zähne blecken!
Er wartet geduldig auf kleereiche Tage –
ein Muster an Gleichmut, gar keine Frage!
Dem Geduldigen hängt man das Kleid des Esels um –
allzu geduldig zu sein, ist schon wieder dumm!
Allerdings: recht störrisch ist der Esel schon –
das weiß auf jeden Fall die „hochlöbliche Zirkusdirektion".
Der störrische Esel bringt die Kinder sicher zum Lachen –
das zählt gewiss zu den beliebtesten Zirkussachen.
Zwischen stoisch und störrisch bewegt sich der Esel,
und zwar überall, nicht nur am Ufer der Wesel!

Eselsohr

Dass ein Esel lange Ohren hat, ist bestens bekannt.
Gerade das macht ihn so atemberaubend charmant.
Man verzeiht dem Esel ob seiner Drolligkeit fast alles,
sogar die Einfalt seines Gemüts im Falle des Falles.
Sein störrisches Gehabe entzückt wohl Jung und Alt –
der Esel ist puncto Heiterkeit eine archaische Gestalt.
Weshalb Schüler mit einem Eselsohr gepiesackt werden,
ist eines der ungelösten Rätsel auf Erden.
Ein „Eselsohr" im Heft oder auch im Lesebuch
zeugt doch von manchem erfolgreichen Versuch,
sich bemüht zu nähern der hohen Literatur!
Wo bleibt denn die Würdigung der Kulturbeflissenheit nur?
Von alleine können die Eselsohren ja doch nicht entstehen –
das muss doch auch ins Hirn des dümmsten Esels gehen!

Fledermausquadrille

Auf Bällen wird Punkt Mitternacht
meist ein Gemeinschaftstanz gemacht.
In Wien ist das die Fledermausquadrille –
für das Après ist empfehlenswert die Pille,
um Langzeitfolgen hintan zu halten.
Keinesfalls hilft bloßes Händefalten …

Fleischwolf

Schon in den alten Märchen kommt der Wolf schlecht weg;
man begegnet ihm als Lämmer- und als Geißleinschreck.
Das abgrundtief Böse haftet am Wolf wie eine Klette –
am besten wäre der Wolf aufgehoben in einer Künette!
Das Gefühl der Menschen für die Gefährlichkeit des Wolfs beweist,
dass die Faschiermaschine im Volksmund Fleischwolf heißt.
Die Grausamkeit des Wolfs wird gleichgesetzt mit der Faschiermaschine –
beide lassen sich gedanklich rückführen auf die Guillotine.
Wen wundert da noch des Wolfes schlechter Ruf?
Schuld ist der Schöpfer, der einstens diesen Unhold schuf …

Flohzirkus

Mit den Flöhen ist das so eine verzwickte Sache:
vor ihnen ist niemand gefeit, nicht einmal ein Drache.
Sie haben sich ins menschliche Leben hineingedrängt,
auch die Verbreitung von Epidemien hat man den Flöhen angehängt.
Sogar künstlerische Leitersprossen haben sie spielend erklommen:
sie sind mit ihren Kunststücken zu Zirkusehren gekommen!
Ein Flohzirkus war früher eine echte Attraktion,
das zahlreiche Publikum sorgte für eine baldige Amortisation.
Ein „Flohzirkusdirektor" war imagemäßig durchaus hochgestellt,
mit seinem Ensemble stand ihm offen die ganze Welt.
In der heutigen Zeit ist der Flohzirkus weitgehend unbekannt –
überhaupt sind Flöhe für die moderne Wirtschaftswelt genant.
Die Miniwelt der Flöhe ist der Gigantomanie gewichen,
die künstlerischen Zirkusflöhe sind schon längst verblichen …

Frechdachs

Wenn jemand ist ein „frecher Dachs",
so ist er sicher nicht aus Wachs!
Nein, er ist ein ganzer Kerl,
spielt bei seinem Hund das starke Herrl,
lässt sich nicht auf seinem Weg beirren
und schon gar nicht erst verwirren.
Der Frechdachs gibt sich völlig ungeniert,
weil er zuvorderst als Dachs gesehen wird.
Der gilt ja als recht wagemutig
und stößt sich oft die Nase blutig.
Dem Frechdachs ist das einerlei –
Hauptsache, er ist bei jedem Spaß dabei!
Dem Frechdachs kann man daher nicht böse sein –
folglich wirft man auf ihn auch keinen Stein.

Froschkönig

Schon viele Mädchen haben einen Frosch geküsst,
wobei aber kein Prinz zum Vorschein gekommen ist.
Den Froschkönig gibt es eben nur im Märchen –
die reale Suppe vermasselt stets ein störendes Härchen.
Auch wenn noch so innig küsst den Frosch die Maid –
vorbei ist ein für allemal die Märchenzeit.
Zum Trost sei gesagt: mit einem Frosch glücklich zu werden
ist auch ein erstrebenswertes Lebensziel auf Erden!
Es muss ja nicht immer ein wohlbestallter König sein –
im königlichen Bettchen bist du meistens nicht allein …

Fuchsschwanz

Von Wien bis zum schönen Straßburg auf der Schanz
schätzt der Heimwerker des Fuchses biegsamen Schwanz.
Im Werkzeugkasten hat kein anderer Schwanz was verloren –
zum Sägen ist er bestens geeignet, nicht aber zum Bohren.
Der Motorfuchsschwanz ist sogar schon erfunden:
er ist, so hört man, einem Vibrator nachempfunden.
Ein solcher Vibrator mit zackigen, fuchsigen Zähnen,
ist ein Werkzeug, nach dem sich alle Heimwerker sehnen.
Begreiflicherweise ist mir dieses Gerät nicht bekannt –
ich hätte es auch sicher niemals angewandt …
Maschinen helfen zwar viel im Falle des Falles,
sie sind aber – Hand aufs Herz – doch nicht alles …

Gartenschlange

Im Rasen schlängelt sich die Gartenschlange …

Vor diesem Ungetüm ist keinem bange.

Die Gartenschlange ist lediglich der Wasserschlauch.

Dennoch verbreitet sie von Dschungel einen Hauch.

Die Schlange ist des Menschen ältester verbürgter Feind –

man fürchtet sich, wenn etwas einer Schlange auch nur ähnlich scheint.

Die Urangst vor der Schlange ist sicherlich eine echte Plage.

Wer keinen Garten hat, ist besser dran, ganz ohne Frage!

Wegen der Bibel leiden wir unter Schlangenphobie –

nur Schlangenforscher und Geistliche fürchten sich nie …

Gänsehaut

Wenn dir vor etwas Schrecklichem graut,
bekommst du sicher die Gänsehaut.
Diese ist ein Relikt der Evolution –
das wusste seinerzeit Charles Darwin schon.
Unsere Vorfahren, stark behaart wie heute die Affen,
konnten es bei Angsterlebnissen schaffen,
ihr Körperhaar mittels der Gänsehaut zu maximieren
und dadurch den Angreifer zu düpieren:
welches Monster steht da drohend vor mir?
Kann sein, dass ich den Kampf mit ihm verlier!
Die Gänsehaut hat daher schon viele in die Flucht geschlagen –
darum winden sich viele Märchen und Sagen.
Im Kino befällt dich ein kalter Schauer –
ein Horrorfilm ist schließlich kein Kalauer.
Die Invasion durch Aliens im Science-fiction-Roman
ist scheußlich wie fischiger Lebertran.
Die Gänsehaut stellt sich also bei vielen Situationen ein –
angenehm kann sie nur beim Liebesakt sein!

Geldkatze

Der Geldbeutel, am Gürtel befestigt getragen,
war das Portemonnaie in früheren Tagen,
als es nur Münzen gab, kein Geld aus Papier.
Geldkatze hieß das Börsel, manchmal prall, bisweilen stier.
Warum man die Katze bemühte, ist ungeklärt –
vielleicht war das Katzenfell bei Rheuma begehrt.
Das Fell trug man um die Leibesmitte geschlungen.
Da war es dann gänzlich ungezwungen,
auch den Geldbeutel im Katzenfell zu verbergen:
so lief das zur Zeit von Schneewittchen und den Zwergen.
Heute wird die Gürteltasche wieder modern –
sie schützt die Moneten auch in Luzern
vor dem „Zugriff Unbefugter", wie es im Amtsdeutsch heißt.
Was wiederum die Klugheit der Altvorderen beweist.

Giraffenhals

Ein Giraffenhals ist viel länger als ein Flaschenhals,
sehr geeignet für das langbeinige Savannentier jedenfalls,
um sich von oben die saftigsten Blätter zu pflücken.
Schwer tut sich die Giraffe aber unzweifelhaft beim Bücken:
dabei sind der Giraffe hinderlich ihre langen Stelzenbeine –
sie lebt quasi ebenerdig und im ersten Stock, wie ich vermeine.
Die erhöhte Neigung zum Schluckauf ist für sie der Pferdefuß –
der lange Weg der Speise bis in den Magen ist abstrus.
Auch unter den Menschen gibt es langhalsige Exemplare:
deren langer Hals ist für Kette oder Krawatte das eigentlich Wahre.
Die Verzierung des Halses steht dann im Vordergrund –
der etwas längere Hals stört doch wirklich keinen Hund.
Auch ein langer Hals vermag zu entzücken
und hilft bestimmt beim fröhlichen Kirschenpflücken.

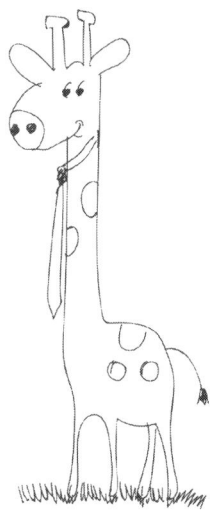

Glücksschwein

Das Glücksschwein hat zu Neujahr Hochsaison.
Als Talismann ist es eine feste Institution.
Man schenkt einander wechselseitig ein Schwein
und wünscht, der andere möge glücklich sein.
Dem Glücksschwein ist diese Prozedur egal:
das Borstenvieh ist ein Glücksbringer auf jeden Fall.
Zwar fußt die Glücksfunktion auf heidnischen Bräuchen,
doch es mundet der Wein auch in alten Schläuchen.
Ob die Wünsche letztlich in Erfüllung gehen, wird sich weisen –
auch ein Glücksschwein endet oft am Spieß aus Eisen …

Gwissenswurm

Diese tierische Spezies ist fast schon ausgestorben.

Doch bei jenen Menschen, die noch nicht gänzlich sind verdorben,

ist der Gwissenswurm durchaus noch am okkulten Nagen.

Wenn den reuigen Übeltäter Gewissensbisse plagen,

erkennt er den Schaden, den er angerichtet hat.

Das macht zwar nicht ungeschehen seine böse Tat,

doch schon die Einsicht allein macht vieles wieder gut.

Dazu braucht es mitunter starken Mut,

um für sein Verhalten ehrlich einzustehen –

Ludwig Anzengruber hat das wohl auch so gesehen,

als er die Bauernkomödie „Der Gwissenswurm" schrieb.

Dieses Stück zählt zu dem, was von Anzengruber blieb –

Grund genug für die Erwähnung in meinem Schmunzelbuch.

Auch für die Rettung der Spezies „Gwissenswurm" ist das ein Versuch …

Haifischkragen

Ein Haifischkragen ist derzeit sehr modern.
Besonders langhalsige Männer tragen ihn gern.
Durch diesen Kragen sieht der Hals viel breiter aus –
ein dünner Langhals ist fürwahr ein Graus.
Vielleicht macht auch der Haifischkragen aggressiver
oder dessen Träger sogar geistig vifer.
Ein Mann hat ja modisch nicht so viele Möglichkeiten,
da zählen oft wirklich schon die Kleinigkeiten.
Den Damen ist der Kragen des Mannes vermutlich egal –
Hauptsache, der Mann ist gut gebaut und hüftenschmal.
Und werden beim Mann noch weitere Attribute vermisst,
die Dame auch mit einem dicken Konto zufrieden ist!

Hasenfuß 1

Der Hase gilt seit jeher als nicht sehr mutig –
nur selten schlägt er sich im Kampf die Nase blutig.
Schon bei der geringsten Gefahr in seinem Revier
ergreift Meister Lampe sofort das Hasenpanier.
Die Natur hat ihm besonders kräftige Läufe gegeben,
mit denen zu laufen, sichert dem Hasen das Überleben.
Tapfer zu sein ist auch eine Frage der Möglichkeit.
Auch die Zahl der Feinde definiert die eigene Unterlegenheit.
Wen wundert's, dass der stets flüchtende Hasenfuß
zum Sinnbild des feigen Menschen werden muss.
Die Menschen lieben bekanntlich plakative Etiketten –
was täten wir, wenn wir den Hasen nicht hätten …?

Hasenfuß 2

Zu sagen: „Jeder Hase ist ein Hasenfuß"
wäre schon vom Wortsinn her ziemlich abstrus,
zumal die Hasen statt Füßen „Läufe" haben.
Das ist schon geläufig den wissbegierigen Knaben.
Daher nennt man „Hasenfuß" nur einen Mann,
der bei Problemen mutlos kneifen kann,
sich nicht den Herausforderungen stellt
und bei jeder Gelegenheit in Ohnmacht fällt.
Somit ist die Bezeichnung des Hasen als „Hasenfuß"
nicht nur falsch, sondern reichlich abstrus.

Holzwurm

Der Holzwurm lebt wie die berühmte „Made im Speck":
sich langsam durch's Holz zu fressen, ist sein erfüllender Lebenszweck.
„Die Geschmäcker sind bekanntlich total verschieden" –
sagt sich der Holzwurm, mit dem Speisezettel zufrieden.
Er schätzt, dass er bei uns ausreichend viel Holz als Nahrung hat.
Zunächst unbemerkt findet das Fressvergnügen statt.
Ist aber auch edles Mobiliar vom Holzwurm befallen,
so droht wohl das schlimmste Übel von allen:
es hilft nur mehr die Anwendung stärkster Chemie –
auch ein Vernichten der Möbel versagt eigentlich nie.
Hilfreich gegen die Holzwurmplage ist auch eine Feuersbrunst.
Die Wiederaufforstung der Wälder ist allerdings eine schwierige Kunst.
Die „verbrannte Erde" bleibt daher das allerletzte Mittel.
Aber das ist wohl pyromanisch ein spezielles Kapitel …

Hundekuchen

Trotz Hungers dürft ihr niemals versuchen,
zu essen von einem Hundekuchen!
Ein solcher ist nur für Hunde bestimmt –
diese sind auf Hundekuchen getrimmt.
Ein jeder bleibe also bei dem ihm zugedachten Kuchen.
Das gilt natürlich auch für den Fisch namens Huchen.

Hundeleben

Ist das Leben mühsam und alles andere als bunt,
bemüht man den Vergleich mit einem geplagten Hund.
Wer sagt, dass ein Hundeleben wirklich von Übel ist?
Das kommt darauf an, wie verwöhnt du bist …

Hundesteuer

Als einziges Haustier unterliegt der Hund einer Steuer –
die Hundeabgabe ist ein alter Hut, sie gibt's nicht erst seit heuer.
Auch der Hund trägt somit zu den Staatsfinanzen etwas bei.
Da Herrchen oder Frauchen zahlen, ist Hunden die Steuer einerlei.
Die Hunde sträuben sich also gegen die Steuer nicht,
sie bejahen sogar stolz die Hundesteuerpflicht.
Jeder Mensch muss irgendwelche Abgaben zahlen –
da muss sich ein Hund bezähmen, um nicht zu prahlen,
dass er hierarchisch gleich nach dem Menschen reiht,
worüber sich das hündische Image naturgemäß freut.
Derzeit ist die Steuervermeidung durch Hunde kein Thema.
Doch bei genauerem Wissen im komplizierten Steuerschema
werden die Hunde höchstwahrscheinlich schlauer sein
und stellen ihre positive Sicht der Steuer ein.
Wahrscheinlich gibt der Fiskus konfliktscheu nach –
sonst ist ja bei den Hunden und deren Haltern Feuer am Dach.

Hundewetter

Seit der Urhund nicht mehr durch die Wälder streunt,
ist der Hund bekanntlich des Menschen treuester Freund.
Er geht bedingungslos mit uns durch dick und dünn,
folgt uns bis zu den hintersten Winkeln der Erde hin.
Bei jedem Wetter schickt der Mensch den Hund hinaus,
ob dichter Schneefall herrscht, ob wildes Sturmgebraus.
Kein Wunder, dass man eine Wetterlage nach dem Hund benennt,
die man als „Hundewetter" allenthalben kennt.
Die Hunde empfinden dies als äußerst ungerecht:
der Mensch kennt den Charakter des Hundes aber schlecht!
Ein Hundewetter hat noch nie Anstoß bei einem Hund erregt,
das ist in tausenden Geschichten glaubhaft belegt.
Daher verweisen die Hunde bei schlechtem Wetter auf die Sau –
der Terminus „Sauwetter" passt hier meteorologisch ganz genau!

Hundstage

Wenn am nächtlichen Sommerhimmel der Stern Sirius steht,
heißt das, dass es in Richtung größter Sommerhitze geht.
Für viele Menschen ist das eine Zeit der Plage –
üblicherweise sagt man zu dieser Zeit, das seien die Hundstage.
Das hat aber nichts mit den hechelnden Hunden gemein:
der Sirius im Sternbild „Großer Hund" ist der Namensgeber allein.
Und wenn euch derzeit noch zum Lächeln ist –
wartet nur, bis euch die nächste Sommerhitze überfließt!
Für Baderatten sind die Hundstage wie geschaffen.
Übrigens fühlen sich in den Hundstagen besonders wohl die Affen …

Immobilienhai

Ähnlich wie der Kredithai, nur auf einem anderen Betätigungsfeld,
tyrannisiert der Immobilienhai die Wirtschaftswelt.
Letzterer zielt auf wohnungssuchende „Melkkühe" ab
und bringt nicht wenige an den Bettelstab.
Vor diesen Haien, die sich harmlos „Gebietsentwickler" nennen,
muss man sich hüten – am besten: davonrennen!

Katerfrühstück

Am Morgen, nach einer durchzechten Nacht,
ist man auf die Überwindung des Katers bedacht.
Jeder hat dazu ein höchstpersönliches Verfahren –
manches geht historisch zurück sogar auf die Awaren.
Das Reitervolk der Awaren war hart wie härtester Stahl:
sie haben problemlos vertragen auch das üppigste Mahl.
Auch dem Wein hat dieses Volk ganz tüchtig zugesprochen –
nach dem Gelage sind die Awaren öfters am Boden gekrochen.
Jeder Kater hat bekanntlich sein originelles Eigenleben.
Das zu ergründen, ist des Zechers oberstes Bestreben.
Hat man endlich den Modus der Normalität wieder erlangt,
weiß man oft nicht, welchem Faktor man dies verdankt.
Das Katerfrühstück ist also an Überraschungen reich –
der Tag ist gerettet, wodurch ist ganz gleich!

Katzeklo

Katzen sind bekanntlich überaus reinlich –
Schmutz in jeder Form ist ihnen peinlich.
Darum lieben Katzen das berühmte Katzeklo –
uns Menschen macht das WC froh …
Helge Schneider hat einen Katzeklo-Song komponiert,
wodurch das Kisterl musikalisch verewigt wird.
Bei einem „Humanklo" ist das noch nicht gelungen.
Daher wird nicht am Klo, sondern im Bad gesungen.
Wikipedia weiß über Helge Schneider noch viel mehr –
bei Bedarf holt euch von dort Informationen her!

Katzenbuckel 1

Zum Erscheinungsbild von Katzen zählt auch der Katzenbuckel.

Das wusste schon zu deuten ein Kobold namens Pumuckl.

Auch bei Hexen ist der Katzenbuckel ein beliebtes Motiv.

Wer weiß, was der Katze beim Buckeln über die Leber lief.

Vielleicht will die buckelnde Katze uns lediglich signalisieren:

„Am liebsten würde ich gleich alle Menschen kastrieren".

Es steht also fest: eine Katze mit ausgeprägtem Katzenbuckel

ist noch launischer als der Kobold namens Pumuckl.

Die Aufgabe des Pumuckls besteht nur im Reim für dieses Gedicht –

für was anderes benötige ich den Pumuckl hier nicht. –

Einen veritablen Buckel hat auch der riesige Buckelwal.

Aber darüber schreibe ich vielleicht ein anderes Mal …

Katzenbuckel 2

Ein Katzenbuckel ist der untrügliche bildhafte Garant,
dass eine schwarze Katze an eine Hexe gemahnt.
Und sitzt diese Katze auf der Schulter der Hexe,
so wachsen ins Gruselhafte die Märchenkomplexe.
Bei einem Katzenbuckel, so heißt es, wird das Wetter schlecht –
dieser Aberglaube ist unbewiesen und ungerecht.
Ein Katzenbuckel ist also kein gutes Omen –
mitunter schlägt sich die Unlust auf das Abdomen.
Die Höllenzeichen sind ja alle untereinander vernetzt –
die Katze hat's daher schwer, und zwar einst und auch jetzt.
Ihr hilft aber die sprichwörtliche Katzenschläue:
ein schnurrendes Kätzchen bezwingt uns täglich aufs Neue!

Katzenfell

Plagt dich Rheuma, so hilft vielleicht ein Katzenfell.
Oft schafft es Linderung der Schmerzen, jedoch nicht schnell.
Jedenfalls ist Katzenfell an Nebenwirkungen bar –
es sei denn, man ist allergisch gegen Katzenhaar …
Das kommt öfter vor, als der Laie vermeint.
Ein Katzenfell ist also problematischer, als es scheint!

Katzenjammer

Am Tag danach – da kommt der Katzenjammer …
Man glaubt, das war ein unüberbietbarer Hammer,
was einem da in den Schoß gefallen ist –
am nächsten Tag erkennt man erst den Mist,
den man sich blindlings eingebrockt.
Durch Erfolg wird man im Überschwang verbockt,
die Risken werden nicht richtig eingeschätzt,
aus dem Erfolg wird eine Niederlage zuletzt.
Diesen Zustand nennt man trefflich Katzenjammer.
Er überfällt uns überall, auch in der häuslichen Kammer.
Man fühlt sich als Mitglied im Katzenorchester –
so ist das im täglichen Leben, mein Bester!
Himmelhoch jauchzend, zu Tode betrübt,
ist man sicher, wenn man unglücklich liebt.
Es gibt aber noch viele Anlässe für Katzenjammer –
alle zusammen sind für unsere Gefühle die Folterkammer …

Katzenkopfpflaster

Der Kopf einer Katze ist in der Regel ziemlich hart,
für Katzenliebhaber ist das Köpfchen sehr apart.
Nicht zuletzt macht man für Katzen Schönheitskonkurrenzen.
Diese zu besuchen, ist Pflicht, da darf keiner schwänzen!
Bisweilen sind die Katzenköpfe sogar hart wie Stein –
das kann nur das granitene Katzenkopfpflaster sein.
Warum der Straßenbelag so genannt wird, ist klar:
er erinnert eben an einen Katzenkopf, ganz wunderbar.
Besonders tragisch ist, wenn eine Katze ihr Leben verliert,
wenn sie ausgerechnet auf einem Katzenkopfpflaster überfahren wird ...
Das wäre – man kann es nicht anders nennen – ein echtes Künstlerpech,
wie wenn bei der Olympiade der Vierte erhält nur Blech ...

Katzenmusik

Gar grässlich klingt das Liebeslied der Katzen,
obwohl sie doch ganz leise schleichen auf den Tatzen!
Katzenmusik nennt man ein solches Konzert,
wenn eine Runde liebestoller Katzen plärrt.
Wie kann ein sanftes Geschöpf so fürchterlich schrei'n?
Das muss eine besondere Prüfung des Schöpfers sein,
wenn in der Stille der mitternächtlichen Stunde
Katzen jaulen, als wären sie mit dem Teufel im Bunde!
Leider klingen von zeitgenössischen Komponisten manche Werke
so ähnlich wie Katzenmusik, nur in extremer Stärke.
Kein Wunder, dass ein Mensch, den solche Töne plagen,
am liebsten würde der Musik und seinem Leben entsagen.
Das ist natürlich ungerecht und übertrieben:
was wissen wir, was Katzen fühlen, wenn sie lieben!?

Katzensprung

Katzen machen bekanntlich nicht allzu weite Sprünge –
es reicht sicher nicht für olympische Ringe …
Auch ein Wachauer Weißwein nennt sich „Katzensprung" –
das war der „Staatsvertragswein", sagt die Überlieferung.
Beabsichtigt man bei Freunden einen kurzen Besuch,
so schlägt terminologisch ein „Katzensprung" zu Buch.
Manchmal wird aber aus solch einem „Katzensprung"
eine liebenswürdige, andauernde „Verewigung".
Nur für kurze Zeit gekommen, aber für immer geblieben –
dieser „Katzensprung" passiert uns manchmal, wenn wir lieben!
Bisweilen endet der Katzensprung mit einem veritablen „Kater"
und du wirst, soferne männlich, in Bälde Vater …

Katzenwäsche

Die Katze gilt gemeinhin als recht wasserscheu –
für Katzenfreunde ist das nicht neu.
Auch ohne Wasser sind Katzen überaus reinlich.
Manche Kinder empfinden es fast als peinlich,
dass die Katzen sauber sind ganz ohne Wasser.
In Kinderaugen ist kein Widerspruch tatsächlich krasser.
Der Nachwuchs kopiert sorgsam die sogenannte „Katzenwäsche" –
die genervte Mutter klettert indessen auf eine Esche …
Für eine Katze wird die Katzenwäsche wohl genügen.
Die Kinder aber müssen sich den Reinheitsritualen fügen
und zu diesem Behufe reichlich Wasser verwenden –
sie meinen: das hieße eigentlich Wasser zu verschwenden.
In der Schule lerne man ausgiebig das Wassersparen –
die Reinigungstechnik der Alten sei überholt seit Jahren!
Allzu viel Wasser schade überdies der dermatologischen Balance.
Wen wundert's, dass sich bei der Jugend regt die „Resistance" …
Bisweilen sollen aber auch Erwachsene der Katzenwäsche frönen.
Daher sollten sich diesbezüglich Alt und Jung versöhnen.

Katzenzungen

Wenn die Schillersche Ode singt: „Millionen, seid umschlungen!",
so kann sie nur meinen die süßen Katzenzungen!
Diese Zungen sind perfekter Schokoladegenuss,
für die ganz Welt ein verzaubernder Kuss.
Es gibt nichts Höheres als diese Katzenzungen,
gleichermaßen beliebt bei Alten und Jungen. –
Katzenzungen eignen sich auch als Giftversteck:
damit bringt man den verhassten Rivalen „ums Eck".
Auch das Süße ist nur mit Vorsicht zu genießen –
sonst sieht man die Erdäpfel von unten sprießen …

Kirchenmaus

Das bedauernswerteste Wesen im friedvollen Gotteshaus
ist ohne Zweifel die sprichwörtliche „arme Kirchenmaus".
Fressbares ist in der Kirche selten zu finden.
Am Gesangsbuch zu knabbern, müsste sie sich erst überwinden.
Sehr schmackhaft ist das Papier allerdings nicht,
was eindeutig gegen einen „Jagdraum Kirche" spricht.
Die Hostien sind gut verwahrt im Tabernakel –
für den Mäusehunger ist das ein echtes Debakel!
Kein Wunder, dass man der Kirchenmaus bescheinigt,
sie sei das allerärmste Wesen, stets vom Hunger gepeinigt.
Schon so manche Kirchenmaus ist im Lauf der Zeit ertaubt,
weil die Orgel viel lauter war, als es das Mäuseohr erlaubt.
Andererseits verzichtet der Pfarrer meist auf eine Mausefalle –
das wäre ja sonst ein klassischer „Mord in der Kathedrale".
Überdies ist eine Kirche in der Regel „katzenfrei" –
für Kirchenmäuse eine geradezu paradiesische Träumerei!
Man sieht: die Kirchenmaus ist bewahrt vor gewaltsamem Tod –
dafür muss sie aber verzichten auf Speck und Brot.
Eine Kirchenmaus hat es also keineswegs nur schlecht.
Da ist ihr das erzwungene „Armutsgelübde" schon ganz recht!

Klaviertiger

Ein Tiger produziert sich oft am Klavier –
fürwahr ein hochbegabtes musikalisches Tier.
So wie ein Klaviertiger möchte ich Klavierspielen können!
Nicht die geringste Pause würd' ich mir gönnen!
Denn ich weiß: dem Mann am Klavier
gebührt nach dem Spielen ein Großes Bier!

Knallfrosch

Der Knallfrosch ist im Fasching sehr begehrt:
die gute Stimmung ist schon ein paar Knaller wert!
Böse Buben werfen den Mädels Knallfrösche nach –
das Gekreische der Gefoppten ist auch nicht schwach.
Auch in der lärmenden Neujahrsnacht
wird so mancher Knallfrosch „scharf" gemacht.
Vorsicht also! Dieser Frosch ist explosiv!
Von den Fröschen knallt der Knallfrosch exklusiv! –
Manche Frösche sind zwar nicht begeistert von der Knallerei.
Es siegen aber die Liberalen, die meinen: was ist schon dabei?
Solange es Knallfrösche gibt, leben die Amphibien weiter –
und jeder Frosch ist ja doch irgendwie „heiter"!

Krebsenspeck

Dieses kindliche Wesen tritt nur in Wien in Erscheinung.
Über den Krebsenspeck gibt es bei uns eine einhellige Meinung:
ein Krebsenspeck tut einem Wiener von Herzen leid:
ohne ordentliche Verpflegung kommt das Kind nicht weit.
Die Krebsenspeckigen müssten einfach mehr essen,
dann könnten sie die Magersucht endlich vergessen.
Ein Krebsenspeck kann doch in der Welt nichts bewegen –
da kann er/sie sich gleich in ein Mausoleum legen.

Kredithai

In den gefahrvollen Untiefen des Wirtschaftslebens
tummeln sich Kredithaie, leider nicht vergebens.
Haben sie einmal ein Opfer im Visier,
erwacht in ihnen die Raubfischgier.
Das Opfer wird vertraglich gebunden
und mit juristischen Fesseln eng umwunden.
Und wenn die Rückzahlung einmal nicht klappt,
wird der Schuldner kaltblütig geschnappt.
Die Kredithaie arbeiten in Grauzonen, aber letztlich legal –
berufliches Ethos ist ihnen völlig egal.
Darum hüte man sich vor diesen Haien:
nur von Banken sollte man sich Geld ausleihen …

Krokodilstränen

Ein Krokodil, das dicke Tränen weint,
ist ganz anders, als es prima vista scheint:
dem Anschein nach trägt der Drache tiefe Trauer,
doch in Wahrheit liegt er lüstern auf der Lauer,
um die Beute zu schlagen, Mensch oder Tier.
Sei auf der Hut vor ihm, das rate ich dir!
Wenn also jemand Krokodilstränen vergießt,
weiß man nicht, was damit real beabsichtigt ist.
Die Ernüchterung ist dann zwangsläufig groß –
Krokodil bleibt Krokodil, brutal und gnadenlos.
Bei Krokodilstränen müssten die Alarmglocken schrillen:
nur keine Krokodilstränen! – Um Gottes willen!

Kuhglocke

Die Glocke ist ein Instrument der Engelscharen,
als diese Gottesboten noch auf Erden waren.
Als deren symbolischer Rest ist die Kirchenglocke anzusehen.
Wir freuen uns stets, wenn wir zur Auferstehungsfeier gehen
und die Kirchenglocken vom Wunder der Auferstehung künden.
Dann darf unsere Freude in den Trost des Glaubens münden. –
Die Kuhglocke ist natürlich viel kleiner und profan,
doch sie kommt gut auf den Almen bei der Herde an.
Es ist, als ragte die Spur der Engel hinein ins Heute,
lässt sich der Wanderer herzoffen ein ins Kuhglockengeläute.
Wie friedvoll ist die bukolische Kuhglockenidylle –
der Herr lässt uns hier teilhaben am Leben in Fülle.

Kummerläuse

Die Kummerläuse treten immer in der Mehrzahl auf;
eine Kummerlaus allein nimmt man bald in Kauf.
Schließlich ist das Leben keine lustige Heurigenpartie –
ohne eine singuläre Kummerlaus geht es wohl nie.
Nehmen aber die Kummerläuse überhand
und nisten sich dauerhaft ein im Gewand,
so ist ein Besuch beim Psychiater sehr zu empfehlen,
bevor sich Depression und Lebensmüdigkeit vermählen.
Zum Alkohol greife kein von Kummerläusen geplagter kluger Mann!
Alkohol und Depression sind nämlich ein teuflisches Gespann!
Kummerläuse bekämpft man am besten mit Liebe:
die ist ja doch der stärkste aller menschlichen Triebe.
Die Kummerläuse ziehen sich von Verliebten zurück –
es blüht im Herzen ein von Kummer entlaustes Glück!

Lausallee

Vorwiegend Damen, aber auch Männer sind eitel –
Lausallee nennt man in Wien den Scheitel.
Die Läuse marschieren in dieser Allee
auf und ab in geordnetem Defilee.
Wer keine Läuse hat zum Defilieren,
muss andernorts antichambrieren.
Vielleicht fängt er dabei einige Läuse,
so wie die Katze übermütige Mäuse.
Der Eitelkeit ist dann genüge getan,
doch bald fängt die Entlausung an.
Das ist viel schwieriger als die Lausaquisition –
die Läuse verteidigen nämlich ihre Bastion.
Wer diesen Kampf gewinnt, ist völlig ungewiss –
und ewig droht der Läusebiss …

Leithammel

Den Hammel hat man seiner Männlichkeit beraubt.
Dieses Faktum ist bedrückender als ein Hammel je glaubt.
Der arme Hammel ist in der Schafherde arbeitslos –
was macht er also den langen Tag über bloß?
Die tragische Zeugungsabstinenz beschäftigt des Hammels Denken.
Er will sein Sinnen vor allem auf seine Chancen lenken.
Kein Wunder, dass der Hammel recht unzufrieden ist –
seine psychische Lage ist durchaus trist.
Jeder Hammel tritt zunächst als Neidhammel auf.
Das ist der für einen Hammel normale Karriereverlauf.
Er neidet dem Widder dessen Zeugungsvergnügen sehr.
Der Neidhammel erträgt diese Kränkung nur schwer
und strebt daher die Rolle des Leithammels an,
in der er die Herde lenken und führen kann.
Der sexbesessene Widder vergisst oft die Führungsaufgaben –
für diese ist der arbeitslose Neidhammel durchaus zu haben.
Flugs ändert der Neidhammel seine erste Silbe auf Leit-.
Den Schafen ist's einerlei – sie sind zu allem bereit.
Der Widder aber merkt den Coup des Hammels nicht.
Ihn lenkt zu sehr ab die anstrengende Zeugungspflicht …

Leseratte

Die Leseratte ist mit dem Bücherwurm nahe verwandt.
Das ist in bibliophilen Kreisen bestens bekannt.
Zwar scheint es weit hergeholt zu sein:
ein Säugetier und ein Wurm, ganz klein,
sind doch nicht miteinander zu vergleichen.
Als Bindeglied wird aber die Liebe zu Büchern reichen!
Mir kommt vor, die Leseratte geht ans Werk viel offensiver,
der Bücherwurm liest aber die Bücher intensiver.
So manche Leseratte ist beim Lesen schon eingenickt –
dieser Ruhezustand ist einem Bücherwurm noch nie geglückt!

Lindt-Hase

Bei Kindern der beliebtesten Hasen einer
ist der von Lindt – ihn übertrifft tatsächlich keiner!
Wenn dessen Glöckchen endlich zu Ostern erschallt,
erscheint sogar der berühmte Dürer-Hase alt:
letzterer Hase ist ja nicht aus Schokolade –
für Kinder ist dieses Faktum zutiefst jammerschade.
So schön kann der Dürer-Hase gar nicht sein,
dass er nicht schokoladig ist, ist wahrhaft gemein!

Löwengrube

Des Propheten Daniels berüchtigte Löwengrube
war ganz sicher keine gemütliche Stube.
Böse Neider hatten Daniel die Karriere versaut –
er hat jedoch fest auf Gott Jahwe vertraut.
Dieser würde Daniels Rechtschaffenheit lohnen
und ihn vor dem Löwenfraße verschonen.
Die Löwen krümmten Daniel tatsächlich kein Haar,
was für alle ersichtlich ein großes Wunder war.
Der König sah in Daniels Rettung göttlichen Willen
und ließ nun Daniels Neider von den Löwen killen.
Die Löwen ließen sich nicht lang zum Mahle bitten –
Daniels Feinde haben ihre gerechte Strafe erlitten.

Löwenzahn

Wie lieblich ist doch der Löwenzahn –
gar schrecklich ist des Löwen Zahn!
Als Salat ist der Löwenzahn essbar –
die Zähne des Löwen machen seine Beute fressbar …
Selber essen ist besser, denn gefressen zu werden –
so läuft der Alltag nunmal hier auf Erden!
Wer spricht da noch von Nächstenliebe?
Jeder hofft inständig, dass er überbliebe …
Dieser Wunsch ist universal und allgemein –
wie „gemein" ist eigentlich „allgemein"?

Lungenwurm

Ein Raucher, den der Lungenwurm befällt,
muss sich bald verabschieden von dieser Welt.
Dieses Risiko wohnt inne dem rauchigen Laster –
der Herr ist nicht erfreut, schon eher der „Höllenmaster".
Es ist zu hoffen, dass die himmlische Ewigkeit
hat für den Raucher ein Äquivalent bereit.
Er säße sonst untätig und gelangweilt herum;
ein Himmel ohne Laster? Das wäre zu dumm!
Und weil den Raucher ein rauchfreier Himmel erwartet,
will er, bevor er seine Karriere im Himmel startet,
auf Erden noch kräftig seinem Laster frönen –
auch ein Lungenwurm kann sich das Leben „verschönen".

Mausefalle

Um Mäuse zu fangen, bedient man sich der Mausefalle –
wie sie funktioniert, das wissen wir alle.
Die Maus geht in die Falle, mit Käse und Speck präpariert.
Der erfolgreiche Mäusejäger zufrieden jubiliert.
Die Maus wird mit Hilfe der Falle gekillt –
das ist das landläufige Mausefallenbild.
Es gibt aber noch andere gefährliche Lokalitäten,
nicht nur für Mäuse, zum Beispiel ausschweifende Fêten.
Tappt ein Mann dort in die Falle hinein,
wird ein Entkommen sehr schwierig sein.
Auch Bars und Bordelle zählen zu dieser spezifischen Sorte –
sie sind für Jedermann und Jederfrau gefährliche Orte.
Gefährlich ist auch auf der Streif die Kitzbühler Mausefalle,
wie sie funktioniert, wissen ebenfalls alle.
Nur die Besten der Besten sind ihr gewachsen –
die Mausefalle erlegt die Zögerlichen und Laxen.
Nur Mut, ihr Bezwinger der Kitzbühler Pisten!
Als Belohnung winken beim Après-Ski vom Bier viele Kisten!

Mottenkiste

Das eindeutig älteste Gewand vom alten
ist eingemottet in der Mottenkiste enthalten.
Auch bei den Ritualen der Politik gibt's eine lange Liste –
ganz oben steht der Griff in die Mottenkiste.
Selbst wenn die Argumente noch so verstaubt sind,
verbreiten sich Gerüchte und Verleumdungen geschwind.
Jede Partei hat ihre Mottenkiste stets parat –
man weiß ja nicht, wann man Bedarf nach ihr hat.
Fast immer geht es um den guten alten Klassenkampf.
Dieser Nostalgiezug steht eigentlich immer unter Dampf.
Umschwirrt von den aus der Kiste entflatterten Motten
lässt sich trefflich über die Meinung der anderen spotten.
Die Mottenkiste ist ein unentbehrliches Requisit –
wer sie öffnet, zündelt mit offenem Feuer am Dynamit.

Muskelkater

Warum der Muskelkater so heißt, ist ein Rätsel –
Man bekommt ihn aber nicht durch den Verzehr einer Brezel.
Wie definiert die medizinische Wissenschaft den Muskelkater?
Keinesfalls ist diese Erscheinung ein Fall für den Psychiater,
was im Grunde genommen ein echter Pluspunkt ist,
weil sich der Seelenarzt bisweilen entpuppt als Illusionist.
Ein Muskelkater entsteht nach ungewohnter muskulärer Betätigung,
so lautet die verbindliche medizinische Bestätigung.
Die Querverbindung zum Katzenvieh ist reichlich nebulos –
warum behandelt man den Kater so schäbig bloß?
Als Kater würde ich alle Menschen als Dummköpfe schelten:
zwischen Alkohol – und Muskelkater liegen genießerische Welten!
Wer von beiden betroffen ist, erkennt keinen greifbaren Vergleich –
derartige Katerfälle gibt es gar viele in Österreich.
Doch eines stimmt den Fachmann einigermaßen bedenklich:
Manche Katererscheinungen sind bei uns tatsächlich „kränklich" …

Naschkatze

Wer vermutet, dass seine Katze notorisch nascht,
ist von diesem Gusto seiner Katze nicht überrascht.
Weil die Katze bekanntlich nur das Feinste speist,
sich die Schokolade als adäquate Katzenspeise erweist.
Das Katzenvolk genießt diesen sprichwörtlichen Ruf –
gepriesen sei der Schöpfer, der einst die Katzen schuf!
Die höchste Wonne sind aber die Katzenzungen.
Sie sind beliebt bei den Alten und bei den Jungen.
Die Katzenzungen haben es sogar auf die Theaterbühne geschafft:
das Theaterstück und die Katzenzungen sind einfach fabelhaft!

Ochsentour

Eine Ochsentour ist sicher keine leichte Sache.
Diese „Reise" ist wahrlich nichts für Nervenschwache.
Und weil der Ochse symbolisch für mühevolle Arbeit steht,
hat man dem Ochsen diesen Horror angedreht.
Wer aber eine Ochsentour erfolgreich schafft,
hat sichtlich bewiesen Verstand und Kraft.
Das befähigt ihn gewiss zu höheren Weihen –
der Ochse möge die Herabwürdigung seines Namens verzeihen!

Ohrwurm

Wenn ein Lied ganz ohne Umweg Ohr und Herz erreicht,
es dem viel zitierten sprichwörtlichen Ohrwurm gleicht.
Den realen Ohrwurm wünsch ich mir aber nicht im Ohr –
da sei gütigst die Vorsehung unseres Herrn davor !
Zum musikalischen Ohrwurm kann man auch „Schlager" sagen –
er schafft dem Herzen und dem Ohr Behagen.
Ein solcher Ohrwurm fördert ungemein das Glücksgefühl –
ganz anders als ein hochbarockes Chorgestühl …
Dieser Ohrwurm ist für uns ein willkommener Begleiter:
er stimmt uns glücklich und vorwiegend heiter.
Der Ohrwurm als Insekt entsetzt uns hingegen sehr –
das Schmunzeln fällt uns bei seinem Anblick eher schwer …

Opferstockmarder

Zur Almosensammlung dient in der Kirche der Opferstock.
Man muss sich ja nicht gleich entblößen bis auf den Rock:
ein paar Münzen kann man schon als Opfer geben.
Den Armen dient das gespendete Geld zum Leben.
Der Opferstockmarder bricht den Opferstock auf
und nimmt eine Diebstahlsverurteilung in Kauf.
Dem Opferstockmarder ist jede Achtung verwehrt –
man kann nur hoffen, dass sein Gewissen ihn einmal bekehrt.
Der tierische Marder quält uns sehr beim Automobil,
weil er unbegreiflicherweise diverse Kabel fressen will.
Vielleicht will er sich am Treibstoff berauschen
oder bloß dem Geräusch der Benzinpumpe lauschen …

Osterhase

Der Osterhase wird von allen Kindern sehr geliebt,
obwohl es ihn nur einmal im Jahr – eben zu Ostern – gibt.
Das Osterfest sollte deshalb viel öfter sein!
So lautet der Wunsch der Kinder allgemein.
Leider wird der Chor der Kinder nicht erhört,
was viele schokoladesüchtige Kinder empört.
Der Osterhase sollte sich nicht um den Kalender scheren
und laufend die Kinder mit Geschenken beehren.
Wenn er dann endlich kommt, ist jeder Ärger vergeben.
So geradlinig tickt das kindliche Leben!
Ob der Osterhase die Ostereier selber legt, ist ungeklärt.
Wird dieses Mysterium enträtselt, ist das doch einen Eierlikör wert!

Packesel

Ein Esel ist gewohnt, schwere Lasten zu tragen.
Lädt man ihm Lastenberge auf, wird er nicht klagen.
Man muss aber die Last gleichmäßig verzurren,
dann versieht das Tier seinen Dienst ohne Murren.
Ein Packesel ist, wer sich zu viel aufbürden lässt –
es bleibt der Spott, es nützt kein Protest.

Papiertiger

Ein Staat, der behauptet, er sei militärisch überaus stark,
in Wahrheit aber Muskeln hat, so weich wie Quark,
wird abwertend als harmloser „Papiertiger" angesehen.
Nur als papierern sei seine Macht zu verstehen.
Aber vielleicht steckt in der papiereren Hülle
doch eine martialische Staatsmacht in Fülle …
Mit anderen Worten: seid auf der Hut!
Auch ein Papiertiger kann beißen in provozierter Wut!
Gleiches gilt für das menschliche Zusammenleben –
auch da soll es „Papiertiger" und echte Mächtige geben.

Pferdefuß

Bei vielen Dingen gibt es einen Pferdefuß –
das ist vom „Großen Widersacher" ein unerwünschter Gruß.
Der Teufel möchte verhindern, dass wir glücklich sind,
und will bewirken, dass das Wasser aufwärts rinnt.
Meist ist der Pferdefuß, so wie des Teufels Huf, verborgen.
Besser ist's, man erkennt ihn eher heut als morgen.
Der Teufel hat überall seinen Fuß im Spiel,
das ist so, seitdem er aus dem Himmel fiel.
Der Pferdefuß bewirkt, dass Bäume nicht in den Himmel wachsen –
Gott gestattet dem Bösen solch kleine Faxen
Der Herr ist eifersüchtig auf sein Schöpfermonopol bedacht –
ob Gott noch immer alles gut heißt, was er je gemacht …?

Pfingstochse

Ist der Pfingstochse eine eigenständige Rindergattung?
Die Fachwelt diskutiert diese Frage bis zur Ermattung …
Zu Pfingsten wird das Vieh auf die Alm getrieben.
So mancher Ochse wäre lieber im Stall geblieben.
Damit der Almauftrieb auch tatsächlich glückt,
hat man den faulen Ochsen mit Girlanden geschmückt.
Solcherart mit Blumen unglaublich verschönt,
hat sich der Ochse an seine Sommerfrische gewöhnt.
Der Ochse ist zufrieden mit Blumen auf seinem Scheitel –
im Grunde genommen ist er nämlich ausgeprägt eitel.
Unter den Psychologen wird allerdings Ratlosigkeit spürbar:
mit blumigem Tand ist auch ein Ochse verführbar …
Das Imponiergehabe schimmert auch bei Entmannten durch –
der Zoologe fragt sich: gilt das auch für den Lurch …?
Eines ist sicher: ein Mann, geschmückt und geil nach Applaus,
sieht eindeutig wie ein klassischer Pfingstochse aus!

Planierraupe

Wenn dich bedauerlicherweise eine Planierraupe überfährt,
war die Absicht des Glattmachens total verkehrt.
Wem nützt schon ein platt gedrückter Mann,
der rein gar nichts mehr machen kann?
Drum hüte man sich vor Raupen, die planieren.
Viel besser ist, man geht auf die „Mahü"*) flanieren.
Dort kann man zwar auch unter ein Fahrrad geraten,
aber das gehört zu den gehobenen urbanen Heldentaten.
Wer nie sein Schleckeis unter einem Fahrrad liegend aß,
der weiß von Wien nur einen Lercherlschas …

*) Mariahilferstraße

Platzhirsch

Wenn nächst dem Försterhaus der Platzhirsch röhrt,
ist inside des Försters Liebesnest gestört:
zwar will der Förster der Hirschbrunft Beachtung schenken.
Andererseits muss er immer an sein wartendes Schätzchen denken.
Ohne Zweifel ist er sich seiner Lage als Zerrissener bewusst:
Jagdfieber und Liebesglut kämpfen heftig in seiner Brust.
Der Platzhirsch steht mit dem Förster in starker Konkurrenz –
natürlich geht es hier, was sonst, um die Potenz.
Wer die Nase vorn hat, lass ich hier offen –
dass Jäger und Hirsch zufrieden sind, ist sehr zu hoffen.

Reißwolf

Die Wirkung des Reißwolfs ist überaus segensreich:
er verwandelt Schriftstücke in Papierschnipsel sogleich.
Jeder Bürohengst – ist er zu sich selber ehrlich –
hält den Reißwolf schlichtweg für unentbehrlich.
Auch die Beamten schätzen den Reißwolf sehr,
fegt er doch deren Schreibtische gründlich leer.
Bedauerlicherweise kann man die Schnipsel rekonstruieren –
das ist zwar mühsam, soll aber laut Agentenkreisen funktionieren.
Daher ist man vergleichsweise viel besser dran,
man zündet die geschredderten Schnipsel auch an.
Am sichersten ist also die multiple Aktenvernichtung:
sie entzieht sich jedweder nachträglichen Sichtung.
Unstillbar wächst die Sehnsucht nach der Rundablage …
Was waren das früher doch glückliche und unbeschwerte Tage!

Salonlöwe

Der Löwe ist bekanntlich aller Tiere King,
schon seit Gottes Schöpfung einst vonstatten ging.
Imposant im Hinblick auf Kraft und Statur
gilt der Löwe als Inbegriff der Mächtigkeit pur.
Kein Wunder also, dass ein gut aussehender Beau
vermeint, er sei im Salon ein prächtiger Löwe ebenso.
Wenn er im Kreise der Gesellschaft weilt
und Komplimente sonder Zahl verteilt,
liegen ihm die Damen hinschmelzend zu Füßen
und schmachten verliebt nach seinen Küssen.
Doch wenn der Salonlöwe sein Revier verlässt,
ist er leider nicht mehr „Simply the best"!
Vielen Salonlöwen gefällt dieses Handkuss-Spektakel.
Aber mit der Zeit gerät dieses Treiben zum Debakel:
Salonlöwen sterben zwar sicher nicht aus,
doch ihre Bedeutung bewegt sich in Richtung Maus.

Schafskälte

Kaum sind die im Winter gezeugten Lämmer geboren
und die Mutterschafe im Frühling wieder geschoren,
kommt Anfang Juni die Schafskälte über die Herde.
Zusammengedrängt hoffen die Tiere, dass es Sommer werde.
Und jedes Jahr wird die stille Bitte erfüllt,
indem die Gnade der Natur die Herde schützend umhüllt.
In Bälde ist dann der Junischnee vergessen:
es gibt ja wieder frischen Klee und saftige Gräser zu fressen!

Schafspelz

Was in einem dicken Schafspelz steckt,
wird manchmal erst zu spät entdeckt.
Der „Wolf im Schafspelz" ist leider recht häufig.
Drum behandle ein Schaf nicht nur beiläufig
und kläre, wer sich im Schafspelz wohl verbirgt.
Sonst wird dein Ende von dir selber bewirkt ...

Schaukelpferd

Bei Shakespeare heißt es: „Ein Königreich für ein Pferd!".
Ist einem Kind auch ein Schaukelpferd so viel wert?
Das spielende Kind ist König in seinem kindlichen Reich –
insoweit sind einander Könige und Kinder vollkommen gleich ...

Schlangenfraß

Eine Speise, die tatsächlich als völlig ungenießbar gilt,
heißt Schlangenfraß, weil sie nur eine Schlange nicht killt.
Nur einer Schlange mutet man eine solche Speise zu –
wer solches essen kann, steht mit dem Teufel auf du und du!
Bevor man allerdings verhungert, ist ein Schlangenfraß
noch immer besser als ein kümmerlicher Lercherlschas …

Schlangengrube

Der Gruben schlimmste ist die Schlangengrube,
das ist der Schlangenbrut horrible Kinderstube.
Wer in eine tückische Schlangengrube fällt,
um den ist es leider überaus schlecht bestellt:
die Schlange als des Menschen natürlicher Feind
wird ihn beißen, weil sie einen Angriff vermeint.
Da wäre gut, hätte man gleich bei der Hand
das rettende Gegenserum, wenn bekannt.
Jedenfalls ist die Schlangengrube ein gefährlicher Ort,
so unheimlich, wie schon die Schlangengrube als bloßes Wort.
Im weiteren Sinn sind manche menschlichen Kollektive
so arg wie Schlangengruben, Schlangenbisse inklusive.
Diesen Seilschaften zu entrinnen, gelingt fast nie;
man muss mit den Wölfen heulen, sonst droht Perfidie:
die Phalanx der Übelwollenden geht zum Angriff über –
da flüchtet der Kluge vernünftigerweise lieber …
Eine Schlangengrube ist kein Ort zum Verweilen –
nur weit fort von ihr, am besten tausend Meilen!

Schlangenrat

Die Schlange gilt als Synonym für falsch und sehr verschlagen,
seit sich der erste Sündenfall hat zugetragen.
Der Teufel hat als Schlange das erste Menschenpaar verführt,
was uns noch heute als Erbsünde angelastet wird.
Mit der Schlange hat alles Unglück angefangen,
das Paradies ist den Bach hinuntergegangen.
Seither ist die Schlange imagemäßig negativ besetzt,
vom Schöpfer mit Fluch verwunschen bis zuletzt.
Kein Wunder, dass ein wissentlich nachteiliger Rat
auch im Zivilrecht die Bezeichnung „Schlangenrat" erhalten hat.
Der Schlangenrat ist für alle Zeiten verbunden mit Verrat –
das ist der ultimative biblische Fluch der bösen Tat.
Bei diesem Gedicht ist euch wahrscheinlich nicht zum Schmunzeln.
Jedenfalls könnt ihr aber bedeutungsvoll die Stirne runzeln.
Vielleicht nötigen euch diese Verse doch ein Schmunzeln ab –
für Heiterkeit sorgt manchmal auch ein Grab.
Und wenn ihr jetzt von mir noch ein Beispiel verlangt,
so denkt daran, dass eine Strickleiterbrücke im Winde schwankt …

Schlosshund

Warum nur muss ein Schlosshund immer heulen?!
Um das Schlossgebäude kreisen nächtens Eulen,
die dem Schlosshund überdeutlich vor Augen führen,
er gehöre zu den ärmsten schlossbewohnenden Tieren.
Aus diesem Grunde heult und klagt der Schlosshund unentwegt,
solange bis sich – o Wunder! – echtes Mitleid mit ihm regt.
Im Schloss selbst ist dem Schlosshund schrecklich fad:
nichts als Barockmusik von der Früh bis spat …
Wenn ihr also einen armen Schlosshund heulen hört,
so denkt daran: eures Mitgefühls ist er durchaus wert!
Vielleicht hört der Schlosshund dann zu heulen auf:
das ist der Trauerarbeit letztlich tröstlicher Verlauf.

Schneckenhaus

Das ist sicher das Tollste an einem Schneckenhaus:
die Schnecke geht dort ungehindert ein und aus.
In ihrem Haus empfängt die Schnecke keine Gäste.
Dass sie das Haus allein bewohnt, ist wohl das Beste.
Lebten zwei Schnecken in einem einzigen Schneckenhaus,
kämen sie miteinander wahrscheinlich nicht aus.
Der Herr hat in seiner Weisheit diese Streitereien vorausgesehen.
Ein Doppelbelag wird daher niemals geschehen.
Es gibt aber auch Schnecken ganz ohne eigenes Haus –
diese Nacktschnecken sehen gar nicht schön aus.
Man hat diese Schnecke aus Spanien zu uns „importiert".
Jetzt hat man Probleme, wie sie wieder „rückgeführt" wird.

Schneckenpost

Als Sinnbild der Langsamkeit gilt gemeinhin die Schnecke:
wie lange Zeit benötigt sie für eine so kurze Strecke …
Wir billigen der Schnecke zwar zu, langsam zu sein.
Kaum jemand versetzt sich in die Welt der Schnecken hinein,
wo das Leben nach einem anderen Zeitmaß läuft,
während der Mensch immer neue Geschwindigkeitsrekorde aufhäuft.
Aber bei der Schneckenpost kennen wir keinen Pardon:
wir schimpfen ungeduldig über die säumige Postdirektion.
Wir beklagen das Schneckentempo der Post
und wünschen die Postverwaltung auf den Grillofenrost.
„Seit den längst überholt geglaubten Zeiten der Brieftaubenpost
geht eben nichts weiter", stellen wir fest erbost.
Die Post wird ihr Schneckenimage leider nicht los –
für den Fortschrittsglauben ist das praktisch der Todesstoß.

Schweinehund

Jeder von uns besitzt einen inneren Schweinehund –
soweit ist dieses Wesen allgemein kund.
Gesehen hat seinen Schweinehund freilich noch keiner –
„Andere mögen schwierig sein, aber nicht meiner".
So sagen viele Akteure selbstbewusst.
Sie rechnen aber nicht mit dem Feind in ihrer Brust.
Der innere Schweinehund ist wie ein Bollwerk so stark.
Man glaubt zwar, man sei in seinem Handeln autark.
Der Schweinehund mischt sich aber überall ein,
als wollte er bei positiven Vorsätzen der Bremser sein.
Den inneren Schweinehund zu besiegen, geht nur mit List,
was jedenfalls eine respektable Charakterleistung ist.
Auch wenn man den inneren Schweinehund nicht sieht:
es ist nicht zu erwarten, dass er sich kampflos verzieht...

Schweinsgalopp

Beim Wort „Galopp" denkt man zunächst ans edle Pferd –
der Galopp eines Schweins ist uns viel weniger wert.
Dennoch hat auch der Schweinsgalopp seine gewisse Eleganz –
bei Schweinen reicht das völlig für den Siegesskranz.
Jeder galoppiert behände wie er es eben kann –
seinesgleichen zieht das sicher in den Bann.
Schwein bleibt Schwein und Ross bleibt Ross –
In seinem eigenen Galopp ist jeder „Galoppant" ganz groß!

Seepferdchen

Ein Pferdchen reitet durch das stürmische Meer,
die räuberischen Verfolger schwimmen hinterher.
Poetisch ist hier das Seepferdchen gemeint.
Die Natur hat hier experimentiert, wie es scheint:
beim Seepferdchen nährt der Mann die Brut –
in seiner Bauchtasche hat es der Nachwuchs gut!
Das Seepferdchen ist ein Nadelfisch, laut Zoologie –
aber so fachspezifisch nennt man ein Seepferdchen nie.
Die Bezeichnung „Pferdchen" lädt zum Reiten ein –
irgendwann wird das wohl schon geschehen sein.
Damals war aber kein Augenzeuge dabei.
Daher müsst ihr wohl glauben meiner Poeterei !

„Sphinx", Glasmosaik von Prof. Dr. Josef Nejez, 66 × 66 cm
(nach einem Motiv aus Mesopotamien, ca. 2000 v. Chr.)

Sphinx

Ein Fabelwesen, äußerst archaisch allerdings,
war bei den alten Ägyptern und Griechen die Sphinx.
Ich gehe nur auf das griechische Hybridwesen ein –
bei der ägyptischen Sphinx wird es wohl ähnlich gewesen sein.
Die historischen Quellen sind hier leider spärlich –
die ganze Wahrheit ist – ich muss es bekennen – entbehrlich.
Die Sphinx hat den vorüberkommenden Wanderern ein Rätsel gestellt,
das konnte keiner lösen in der damaligen Welt.
Dann fraß die Sphinx die verdutzten Probanden auf –
bis zum Ödipus war das der gewöhnliche Verlauf.
Ödipus konnte das Rätsel glücklich erraten –
das war eine von seinen überlieferten Heldentaten.
Die Sphinx hat dann zornerfüllt Suizid begangen –
wahrscheinlich hat damals das Rumpelstilzchensyndrom angefangen.
Ödipus konnte sich aber nicht lange als Sieger wähnen:
die Ehe mit seiner Mutter mündete bekanntlich im Meer der Tränen.
Vielleicht war dieses Debakel die Rache der Sphinx –
beweisen lässt sich das aber nicht, schon gar nicht mit links.
Sigmund Freud machte aus dieser Story den Ödipuskomplex.
Dieser ist noch heute ein äußerst ertragreiches „1000-Guldengewächs“.
Die antiken Mythen taugen also noch immer als Erkenntnisquelle –
sie reichen gewiss auch für zahllose weitere Fälle …

Steckenpferd

Der Knabe reitet stolz das Steckenpferd –
für ihn gibt es nichts Schöneres auf der Erd'.
Im Mannesalter ist das Steckenpferd zum Hobby mutiert,
wobei wie beim Kind der Spieltrieb befriedigt wird.
Die Hobbys werden indes größer und kosten auch mehr –
Hobbys zu lassen, fällt unendlich schwer.
Das letzte Hobby nimmt uns der Tod aus der Hand:
man braucht kein Hobby mehr im Ewigen Land …

Stierkampf

Der Stierkampf, der die Spanier nicht ruhen lässt,
ist human-historisch gesehen ein archaischer Überrest:
der Kampf des Menschen mit den Tieren war gewiss hart –
es ging um Nahrung und ums Überleben der Art.
Das romantisierende heldentümliche Gedankengut
hat mit dem Spektakel „Stierkampf" nichts am Hut!
Daher ist der Stierkampf als barbarische Tierquälerei abzulehnen.
Weshalb sich viele dennoch nach diesem Schauspiel sehnen,
ist mit humanistischem Denken nicht nachvollziehbar:
für den Stierkampfverzicht reichen auch nicht die nächsten 1000 Jahr' …
Zum Schmunzeln ist diese Sache ganz sicher nicht –
schon eher zum Weinen, weil es den Menschen an Verstand gebricht …

Sündenbock

Hartnäckig hält sich als biblische Gestalt
der Sündenbock noch heut' bei Jung und Alt.
Die eigenen Sünden auf andere abzuladen,
ohne dem Gefühl der Selbstherrlichkeit zu schaden
ist ein sehr oft verwendetes Handlungsmotiv.
Beim Sündenbock lag jedenfalls manches schief:
man jagte den Bock, beiladen mit den Sünden, in die Wüste
und hoffte, dass dieser (warum eigentlich?) genau wüsste,
was er in der Einschicht zu tun hätte: nämlich zu verenden.
Dann hätte es auch mit den Sünden ein bequemes Bewenden.
Der biblische Sündenbock geistert noch immer durch unser Leben,
als dürfte es auch heute einen Bedarf für Sündenverdrängung geben.
Über diese Einfalt kann der Herr selbst nur schmunzeln –
seien wir froh, dass er gütig unterlässt ein finsteres Stirnerunzeln!

Trottoirgämse

Erblickt ein Autofahrer am Trottoir eine Gämse,
so steige er ja nicht gleich auf die Bremse!
Es ist zweifellos besser, er fährt unbeirrt weiter –
das ist auch für seine häusliche Sphäre gescheiter.
Hält der Autofahrer bei der Trottoirgämse an,
er von Neidern und Tugendwächtern gesehen werden kann.
Mit dem häuslichen Frieden ist es dann vorbei –
und das ist wohl keinem Ehemann einerlei.
Trottoirgämsen sind ein Teil der Natur, und das sollen sie bleiben.
Man soll aber die Liebe zur Natur nicht übertreiben …

Unkenruf

Die tollste Liebesnacht wird arg gestört,
wenn nahe dem Forsthaus ein Platzhirsch röhrt.
Den gleichen Effekt bewirkt ein Unkenruf vom nächtlichen Weiher –
er verdirbt vollkommen auch die schönste Hochzeitsfeier.
Vorbei ist die von Liebesglut erfüllte Idylle
und das Lied der Nachtigall verdorrt zur leeren Hülle.
Ein unerwünschter Unkenrufer ist häufig auch der Misanthrop:
bei solchen Tönen wird der Optimist am besten grob,
verweist den Unkenrufer in die Schranken
und widmet dem Krakeeler nicht den leisesten Gedanken.
Dem Mutigen, so heißt es, gehört die Welt –
auch wenn er manchmal auf die Nase fällt!

Unschuldslamm

Eine überaus ernste Sache ist das Unschuldslamm,
das durch Jesus, unsern Herrn, einst in die Bibel kam.
Das Tieropfer, in archaischer Zeit intensiv gepflegt,
wurde mit dem Begriff „Agnus Dei" ad acta gelegt.
Heutzutage ist die Bezeichnung „Unschuldslamm" pervertiert –
ein heuchlerisches Wesen wird damit charakterisiert.
Wenn sich tückisch ein Wolf als Lamm verstellt,
düpiert das Böse die täuschungsanfällige Welt.
Jedenfalls wird das Hinterfragen nützlich sein,
um unterscheiden zu können Wahrheit und Schein.

Versuchskaninchen

Früher hat die medizinische Forschung mit Hasen experimentiert
und folgerichtig diese Tiere als „Versuchskaninchen" apostrophiert.
Diese Rolle haben heute Ratten und Mäuse übernommen.
In der Medizin sind wir entscheidend weitergekommen –
ohne Tierversuche wäre das nicht möglich gewesen.
Daher müssten wir für die Versuchstiere viele Seelenmessen lesen,
um des Opfertodes so vieler Tiere angemessen zu gedenken.
Die Versuchstiere verdienen jedenfalls mehr als Fahnenschwenken.
Ich bin dafür, ihnen ein schönes Denkmal zu errichten,
zumindest aber sollte man für sie eine Ode dichten.
Letzteres habe ich hiermit ganz ohne Aufwand vollbracht –
vielleicht findet sich ein Bildhauer, der für sie ein Denkmal macht …

Vorzimmerdrache

Eine ganz eigenartige, spezifische Sache
ist die seltene Gattung „Vorzimmerdrache".
Als Bollwerk gegen ungeduldige Patienten
oder bei zudringlichen, lästigen Prominenten,
setzen die Ärzte gerne diese scharfe Waffe ein –
der Vorzimmerdrache soll eine wirksame Abschreckung sein.
Zumeist fungieren als Vorzimmerwächter Damen,
die im Kampf gegen die Massen nicht erlahmen.
Für Ordnung sorgen sie mit eiserner Hand –
vielleicht sind sie doch mit den Drachen verwandt? …
Manche Damen sind sanfter, sozusagen ein „Dracherl" –
sie trinken statt Cognac bescheiden ein Kracherl.
Der eintretende Patient weiß aber nicht, an wen er gelangt –
nicht um die Dame, um die Gesundheit wird gebangt.
Doch halt! Drachen gibt es bei uns schon lange nicht mehr –
wahrscheinlich setzten sich einige dem Exodus zur Wehr
und hausen inmitten von Apparaten und Lilien
als äußerst seltene, lebende Fossilien.
Vorzimmerdrachen gibt es auch bei Rechtsanwälten und Notaren.
Jene zu überwinden, lasst alle Hoffnung fahren!
Zielt man auf den Zutritt bei Generaldirektoren,
hat man beim Vorzimmerdrachen schon verloren …

VW-Käfer

Wer den VW-Käfer absolut nicht kennt,

ist mit seinem Auto-Latein bestimmt „am End".

Viele Millionen Exemplare wurden davon produziert.

Im VW-Käfer hat sich fast eine Weltanschauung manifestiert:

fern von Luxus, ganz nah am Fahrvergnügen,

ein Motor, durchaus geeignet auch zum Pflügen,

unverwüstlich, mit langem „Kilometerleben" –

das konnte dem Autofahrer nur ein VW-Käfer geben.

Irgendwann ist der letzte VW-Käfer vom Fließband gelaufen –

jetzt kann man nur mehr den Beetle kaufen.

Der sieht dem Käfer zwar ähnlich, ist aber keiner.

Nur der VW-Käfer ist der echten Käfer einer.

Die 2CV-Ente von Citroen ist mit dem Käfer verwandt –

beide Modelle sind rund um die Welt bekannt.

Sie repräsentieren die Zeit, als Autofahren noch ein Abenteuer war –

heute bieten selbstfahrende Autos kostengünstige Lebensgefahr …

Wanderhuhn

Man glaubt es kaum: auch ein Huhn kann wandern,
von einer saftigen Wiese hin zu einer anderen!
Findige Werbetexter nennen dieses Wesen „Wanderhuhn".
Es macht zwar nichts anderes als was alle Hühner tun:
Eier legen und danach das Gelege begackern
und auch sonst sich durch den Wiesenkosmos rackern.
Das Wanderhuhn kann sich aber rundwegs glücklich preisen:
der Hühnerstall geht mit dem noblen Geflügel auf Reisen!
So bequem hat es wohl kein anderes Huhn auf Erden –
jede Henne möchte sehnlichst eine Wanderhenne werden.
Die stete Ortsveränderung veredelt nämlich das Gelege –
die Wanderschaft hält die Hühner dauernd rege,
was sich geschmacklich auch in den Eiern niederschlägt.
Zahlreiche Haubenköche haben das wissenschaftlich belegt.
Laut Gault Millau schmecken die Wanderhuhneier viel besser.
Deswegen gerieren sich Wanderhühner ungleich kesser
als ihre gewöhnlichen Artgenossen sich benehmen,
so stolz sind sie, als ob sie eben aus dem Burgtheater kämen.
Die Fachwelt will daher das Wanderhuhn zum „Wunderhuhn" erheben –
ich sehe die Wunderwanderhühner schon im siebten Himmel schweben.
Die Bezeichnung als „Wunder" hat bestimmende Kraft:
sie verleiht den Dingen die angepriesene Eigenschaft.
Auch wenn das nur vordergründig stimmen mag:
der Wunderglaube ist für das Triviale der ultimative Ritterschlag.

Wanzenburg

Haus verwanzt? Den Job übernimmt der Kammerjäger,
aber möglicherweise auch der Leitungsleger,
wenn es um Spionagewanzen geht.
Ein Gebäude, das aus verwanzten Räumen nur besteht,
bezeichnet man im Fachjargon als Wanzenburg.
Zur Spionagesanierung taugt diesfalls kein Chirurg,
vielmehr braucht man einen versierten Akustiker –
die Elektronikjagd ist auf jeden Fall lustiger
als die Bekämpfung der lästigen Insektenplage –
bisweilen kommt dabei auch die Spionageelektronik zutage …

Warteschlange

Wer wartet schon gern in einer langen Warteschlange?
Man fühlt sich malträtiert wie mit einer glühend-heißen Zange.
Manche Wartende sind durchaus phlegmatisch –
Andere sehen das Warten eher „rabiatisch".
Um euren Wissensdurst vorweg zu stillen:
Ich schuf dieses Wort nur um des Reimes willen!
Das Wartenkönnen ist sicher eine löbliche Tugend.
Manchmal mangelt diese der ungeduldigen Jugend.
Jedenfalls wartet man lieber, wenn das Warten sinnvoll ist.
Sonst ist Warten, worauf auch immer, ein sinnloser Mist.

Wasserratte

Mit ihren Schwimmkünsten stellen die Wasserratten
so manches Landtier in den Schatten.
Weil man diese Fertigkeit der Ratten kennt,
man die Badefreaks als Wasserratten benennt.
Diese verlassen nur selten das kühle Nass
und finden am Badevergnügen ausgiebig Spaß.
Es wachsen ihnen Schwimmhäute zwischen den Zehen –
die Bademeister eindringlich um den Badeschluss flehen.
Vor allem die Kids finden beim Baden kein Ende –
die Eltern ringen verzweifelt die Hände.
Den Kids werden schon die Lippen blau –
wann sie Schluss machen, weiß keiner genau.
Endlich wickeln sie sich ins wärmende Badetuch –
badewütige Kids sind für Eltern bisweilen ein Fluch!

Wespentaille

Früher galt sie als weibliches Schönheitsideal –
heute ist die Wespentaille eher für den Psychiater ein Fall.
Die Männer lieben heute eher ein breites weibliches Becken –
schön zu sein, ist wahrlich kein Honiglecken!
Der Mensch soll seine Reize, so vorhanden, durchaus zeigen.
Das Streben nach Glamour war uns schon immer eigen.
Die Modetorheit Wespentaille war äußerst ungesund –
sie rangiert heutzutage imagemäßig „unterm Hund".
Und wie machte sich die Wespentaille im Bett?
Wahrscheinlich war irgendwie störend das enggeschnürte Korsett.
Das Öffnen war bisweilen ein langwieriges Unterfangen –
inzwischen ist vielen Männern die Lust vergangen …

Wetterfrosch

Schon seit Urzeiten, vielleicht seit dem alten Mose,
hält man Frösche als geeignet zur Wetterprognose.
Der wissenschaftliche Beweis hiefür steht zwar noch aus,
doch haben viele ein Gurkenglas mit Frosch im Haus.
Konservative Menschen setzen naturgemäß auf die Hohe Warte
und studieren über den Klimawandel manch neueste Schwarte.
Theoretisch könnte es aber durchaus sein,
dass sich in der Zentralanstalt, neben einem Glas Wein,
auch ein Gurkenglas mit einem Laubfrosch befindet.
Dessen simple Prognose wird dann in den Medien verkündet.
Der oberste „Hohe-Warte-Wetterfrosch" denkt nämlich praktisch:
der Frosch kann nicht irren, er spürt das Wetter „prophylaktisch" …
Es gibt aber auch Menschen, die ausgeprägt wetterfühlig sind.
Auf deren Prognosen kann man vertrauen, sogar blind.
Der Wetterfühlige nähme sogar ein tödliches Gift,
dass er mit seiner Vorhersage ins Schwarze trifft.
Wetterfrösche gibt es also in vielerlei Gestalt –
wenn ich euch das alles erzähle, werde ich alt …

Wurmloch

Ein Wurmloch im Universum ist phänomenal
ein solches im Apfel bloß trivial ...
Letzteres ist wohl jedem Apfelesser bekannt –
auf Wurmlöcher im Universum schauen alle gebannt:
wir wollen in ein anderes Universum gelangen
und werden dort wieder von vorne anfangen.
Angeblich ist dort alles viel besser –
darauf freut sich der biedere „Wurmloch-im-Apfel-Esser".

Zebrastreifen

Der Herr hat das Zebra wie mit einem gestreiften Pyjama bekleidet,

weil es bekanntlich auf den afrikanischen Savannen weidet.

Dort ist es von unschätzbarem Vorteil, sich zu tarnen

und sich zu verbergen hinter Gräsern und Farnen.

Auch im Straßenverkehr haben Zebrastreifen eine Schutzfunktion –

zumindest liest sich so die legislative Konzeption.

Leider ist man auch auf dem Zebrastreifen nicht sakrosankt,

weil es an der nötigen Umsicht der Verkehrsteilnehmer krankt.

Die Zebrastreifen schützen offenbar nur in der Natur –

im Straßenverkehr droht leider manch arge Blessur.

Die Wirksamkeit der Zebrastreifen ist also eher kontrovers.

Das ist zugegebenermaßen kein wirklicher Schmunzelvers,

vielmehr bewirkt das ein besorgtes Runzeln der Stirn.

Letzteres stärkt mit Sicherheit unser Gehirn.

Das Stirnerunzeln ist des Schmunzelns ernste, aber kreative Schwester –

fröhlich und ausgelassen mag man sein zu Silvester.

Etwas Besseres als die Zebrastreifen ist eher rar.

Das ist zwar nicht unbedingt heiter, aber leider wahr …

Ziegenpeter

Der Ziegenpeter ist ein ungebetener, lästiger Gast,
der dich besucht, wenn du den Mumps hast ausgefasst.
Dieser zählt zwar gemeinhin zu den Kinderkrankheiten,
doch erkranken daran auch Erwachsene zuzeiten.
So harmlos, wie das Wort „Ziegenpeter" verniedlichend klingt,
ist die Krankheit Mumps aber nur bedingt.
Da können manch irreparable Schäden bleiben.
Daher sollte man bei einer Mumpserkrankung nicht untertreiben.
Für Kinder mag „Freund Ziegenpeter" ja ganz lustig sein.
Echte Schmunzelverse fallen mir dazu leider nicht ein.
Am besten ist, man bringt die Sache schnell hinter sich –
Humor ist für die Genesung jedenfalls förderlich.

Zimmertiger

Des Tigers Kleinausgabe ist das Kätzchen.
Es versteht gekonnt, mit vielen verspielten Mätzchen
Herrchen oder Frauchen sanft „herumzukriegen"
und vom faden „Hausarrest" die Spitze abzubiegen.
Der Zimmertiger schnurrt und sieht dich zärtlich an –
um Ernst und Zucht ist's dann getan!
Vor dem Kätzchen wird jedermann bald schwach
und liegt vor dieser Katzenschläue völlig flach.
Der Katze ist das natürlich äußerst angenehm –
für Details schlage man nach im guten alten Brehm!
Nebenbei bemerkt: nicht der Mensch hält sich ein Kätzchen,
vielmehr ist's umgekehrt, mein liebes Schätzchen!
Die Katze spielt die dominante Chefpartie perfekt –
vor „Nebenrollen" bewahrt sie ihr untrüglicher Intellekt …

Nachwort des Autors

Salonlöwen, Pfingstochsen, Vorzimmerdrachen
sind allesamt tierische Wesen zum Schmunzeln, zum Lachen.
Aber auch sie und viele mehr in diesem Buch
mussten zittern vor dem biblischen Fluch:
werden sie in die Arche Noah aufgenommen und überleben?
Wird es für sie eine Zukunft mit Happy End geben?
Gott, auf die Rettung des Schöpfungsplanes bedacht,
hätte offiziell gewiss keine Ausnahme für Schmunzeltiere gemacht.
Daher schlichen diese auf die Arche als blinde Passagiere,
was nicht weiter auffiel bei der riesigen Phalanx der Tiere.
Das göttliche Auge durchschaute zwar den plumpen Trug,
doch Gott ließ es geschehen, dass keiner nach den Tickets frug.
Nach der Sintflut waren die Schmunzeltiere lange versteckt.
Erst neulich hat sie meine spitze Feder wiederentdeckt.
Mit meinem Buch wollte ich mich dem Herrn dankbar erweisen
und ihn für die Duldung der blinden Passagiere preisen.
Worüber hätte ich sonst Verse zum Schmunzeln geschrieben?
Ich wäre wohl bei Hund und Katze sitzen geblieben …

Der Autor

Geboren 1941 in Wien, studierte Wolfgang Groiss Rechtswissenschaften und promovierte 1963 zum Dr. jur. Seine Berufslaufbahn führte ihn vom wissenschaftlichen Sekretariat des Verfassungsgerichtshofes bis zum Abteilungsleiter in verschiedenen Bundesministerien (Bundeskanzleramt, BM für Gesundheit und Umweltschutz, BM für Verkehr, Innovation und Technologie). Von 1974 bis 1979 war Wolfgang Groiss juristischer Sekretär von Bundeskanzler Dr. Kreisky und zugleich Leiter des Ministerratsdienstes. Von 1985 bis 1990 leitete er das Vorstandssekretariat der Österreichischen Länderbank AG. Seit 2001 ist er im Ruhestand. 2005 wurde ihm vom Bundespräsidenten der Berufstitel Professor verliehen. Im Jahr 2011 wurde Wolfgang Groiss mit dem Österreichischen Ehrenkreuz für Wissenschaft und Kunst I. Klasse ausgezeichnet.

Publikationen auf dem Gebiet der Lyrik:

1992 „Gast in dieser Welt", Weilburg Verlag, Wr. Neustadt
1994 „Wege nach innen", Weilburg Verlag, Wr. Neustadt
1996 „Saat und Ernte", Weilburg Verlag, Wr. Neustadt
1999 „Die Teile des Ganzen", Merbod Verlag, Wr. Neustadt
2008 „Wortspuren", Novum Verlag, Neckenmarkt
2009 „Das heitere Volarium", Novum Verlag, Neckenmarkt
2010 „Sind Kiwi-Eier behaart?" und „Von Adebar bis Zitronenstelze", beide im Verlag Berger, Horn
2010 „Im Meer der Zeit", Verlag Berger, Horn
2012 „Bieber und Henriette – Heitere Versgeschichten über das Leben zu zweit", Verlag Berger, Horn.
2016 „Birdie & Co", Verlag Berger, Horn.

Seit einigen Jahren befasst sich der Autor auch mit Wiener Mundart, deren Erhaltung als wertvolles Volkstumsgut ihm ein Anliegen ist.

Neben seiner literarischen Schriftstellertätigkeit hat Wolfgang Groiss juristische Fachpublikationen auf dem Gebiet des Österreichischen Verfassungsrechtes und über die Verfassungsgerichtsbarkeit verfasst.